四

秦汉
大一统国家的建立

看见
文物里的
上下五千年
中国

刘 炜 主编

刘 炜 著

陈万雄 出版顾问

SPM 南方传媒

全国优秀出版社
全国百佳图书出版单位
广东教育出版社
·广州·

图书在版编目（CIP）数据

看见中国：文物里的上下五千年. 秦汉·大一统国家的建立／刘炜
主编；刘炜著. —广州：广东教育出版社，2022.10（2024.7重印）
    ISBN 978-7-5548-4617-9

    Ⅰ. ①看…　Ⅱ. ①刘…　Ⅲ. ①中国历史—秦汉时代—青少年读
物　Ⅳ. ①K209

中国版本图书馆CIP数据核字（2022）第158277号

主　　编：刘　炜
出版顾问：陈万雄
策划顾问：张倩仪
特约编务：段侯彧　徐丹丹　苗　筠

本系列图书由广东教育出版社与商务印书馆（香港）合作出版

看见中国：文物里的上下五千年　秦汉·大一统国家的建立
KANJIAN ZHONGGUO: WENWU LI DE SHANGXIA WUQIAN NIAN　QIN HAN · DAYITONG GUOJIA DE JIANLI

出版人：朱文清
策划统筹：卜晓琰　周　莉
责任编辑：周　莉　卓晓纯　周　晶
营销编辑：卢颖璇　黄子桐　刘　玥
项目宣发：罗婷婷　林己情　李欣雨　薛翔羽
特约修订：杨雪巧
插图作者：田　村　邵　满
电脑绘图：梁竹君
责任技编：许伟斌
封面设计：彭　力
装帧设计：友间文化
责任校对：罗广余
出版发行：广东教育出版社
　　　　　（广州市环市东路472号12-15楼　邮政编码：510075）
销售热线：020-87614531
网　　址：http://www.gjs.cn
E-mail：gjs-quality@nfcb.com.cn
经　　销：广东新华发行集团股份有限公司
印　　刷：深圳市福圣印刷有限公司
　　　　　（深圳市龙华区龙苑大道联华工业园三栋一楼　邮政编码：518110）
规　　格：889 mm×1194 mm　1/16
印　　张：11
字　　数：220千
版　　次：2022年10月第1版
　　　　　2024年7月第5次印刷
定　　价：69.80元

　　近日我收到《看见中国：文物里的上下五千年》（10卷，以下简称《看见中国》），当我打开时仿佛置身于一座灿烂辉煌的文明历史殿堂中，耳目为之一新。书中洋洋洒洒200多万字，汇集了全国各大博物馆收藏的4000多件考古出土的珍贵文物的照片，其中不乏精美绝伦的国宝，还有200余幅根据考古发掘报告制作的三维复原图。这一切都承载着浩瀚无边的文化信息，将世界上独一无二的中华文明五千年历史尽情展现，一览无余。读后我感慨不已。

　　这部独树一帜的历史图书，之所以能够如此引人入胜，是因为作者将中国历史从帝王将相、改朝换代的传统框架中释放出来，用现代考古出土文物与古代文献相结合的全新方法，以考古研究的丰硕成果为基础，全方位、多层面再现了中华文明最真实的历史原貌。尤其对于历史进程中各时代特有的时代精神、物质文明以及社会风貌等的重大突破，全部内容都是利用考古遗址、遗迹和丰富多彩的出土文物展示出来的。我在书中看到了从传说时代的三皇五帝到青铜时代的夏商周神权王朝，从先秦诸侯争霸到汉唐盛世名扬世界，从两宋人文时代的繁华到辽夏金元草原民族的荣耀，从明代兴衰更迭到清末中华民族的新生。我看到了作者将中国考古百年来的重大发现和研究成果都运用到这部书中，让束之高阁的考古出土文物一一生动而鲜活起来。读者从中可以深刻领略中华文明源远流长，传承有序，延绵不绝，博大精深，由此增强民族文化自信心和自豪感。

　　众所周知，面对悠久的中国五千年历史和浩如烟海的文物与史书，要以简明而精准的形式阐述清楚并非易事。而《看见中国》完美地呈现了体系完整、历史脉络清晰、各卷之间环环相扣、图文并茂的特征，文字与图版之间的构架设计更显独具匠心，具有一目了然的特点，堪称历史图书的精品之作。由于我与参加本套书创作的顾问陈万雄、主编刘炜早在1994年启动《敦煌石窟全集》（26卷）的工作中就建立了友情，与杭侃等多位作者也都有经年的交往，因此我深知他们都是对中国传统文化有着深厚感情，对学术理想不倦追求，在文物、考古、历史等各个领域获得卓著成果的专家学者。他们在《看见中国》的创作中，凭着广博的见识、扎实的学术功底，解读中华文明的源流统绪，立意深刻，游刃有余。书中既有宏观俯瞰，又有细微观察，展现了他们一流的学术洞见和剖析能力。

我了解到《看见中国》的前身是22年前由香港商务印书馆出版的《中华文明传真》（10卷本），这套书当时被出版界称为"具有开创性的图书"，曾连续3年进入港澳台和海外华文市场的畅销书行列，并被推荐为香港"国民读本"。饶宗颐先生给予了高度赞誉："（这套书）用极醒目的标题，深入浅出的生动语言，有机地去分析与组合，融化最新的第一手文物史料，汇集专家多年研究成果，精彩而扼要地勾勒出中国文明演进的轨迹，给人以崭新而正确、紧凑的历史面貌。这一部图文兼茂的文化史读本——《中华文明传真》一共十册，的确是21世纪商务印书馆（香港）对学界的重大贡献。"还有许多海内外著名的史学家、考古学家、文学家，如任继愈、逢先知、李学勤、谢辰生、罗哲文、金庸等先生也都给予了高度评价和推介。此后《中华文明传真》（10卷本）相继在日本、韩国出版了日文版和韩文版，还延伸改编出版了针对不同年龄、不同文化层次读者的多部文明史系列图书。

22年后，香港商务印书馆与广东教育出版社合作，抓住粤港澳大湾区建设重大历史机遇，重新改编《中华文明传真》（10卷本），更名为《看见中国：文物里的上下五千年》，以此庆祝香港回归祖国25周年。我得知《看见中国》出版最大的动力，是来自习近平总书记对于文物、考古和博物馆工作的高度重视。他大力倡导历史和考古工作者要继承和弘扬中华优秀传统文化，挖掘文物多重价值，广泛宣传普及考古研究成果，增强民族文化自信心和自豪感，增强民族凝聚力，为实现中华民族伟大复兴发挥积极作用。国家文物局趁势推动"考古中国"等一系列重大考古科研项目，不仅极大丰富和充实了中国史学界对于中华文明的深入研究，还大幅度提升了全社会尤其是青少年对于中华文明认知的兴趣，在全国掀起"考古中国""让文物活起来"的社会热潮。

为此，两家出版社决定专门为新一代青少年量身打造一部形式更加鲜活的中国历史图书，并由22年前《中华文明传真》（10卷本）原班人马从总顾问、主编到作者都参与新书的再创作。《看见中国》突显了两大新特点：一是增补了近20年的最新重大考古发现，如良渚遗址内外城结构、石

邙巨型城址、里耶古城遗址、海昏侯墓、"南海 I 号"沉船遗址等；还汲取了"中华文明探源工程""夏商周断代工程"以及"考古中国"等一系列考古研究的累累硕果，显示了作者对中国古代历史的认知不断向广度和深度拓展。二是根据教育部、国家文物局联合发文，促进博物馆资源融入教育体系的精神，书中增加了作为第二课堂的博物馆及其文物收藏的丰富信息，由此成为学生在博物馆学习历史和文物知识的实用指南。这次改版，让新一代的青少年通过更加广阔深远的视野去认识和理解中国历史，使学习中国历史变得更加直观、更加亲近、更加趣味盎然。

我看到历经多年不断锤炼的《看见中国》，一经问世就显示了强大的生命力，在出版半年内连续印刷3次，发行24万多册，并荣获广东省出版集团"2022年度好书奖"，入选中国出版协会第31届全国图书交易博览会少儿阅读节"百种优秀童书"、"南国书香节十大好书推荐榜"、第十八届桂冠童书"百强书单"等。我在欣喜之余也深深感到，中华历史文明的延续需要依靠一代又一代人坚持不懈的传承和发展，这是每一个中华儿女的责任与使命。为此，我在此赘言，以作推荐，并祝贺《看见中国》的出版获得成功。

樊锦诗

敦煌研究院名誉院长

2023年8月2日

推荐人语 · 序二

"喜甚诗书满意评""评书已愧老萧翁"，欣悉《看见中国：文物里的上下五千年》（10卷）即将盛装问世，特借用这两句诗，一是表达对这套书新版问世的满意，二是虽难与萧翁相比，却有年岁"愧老"之同。作为这套书编著者和出版者的老友，以及策划参与者之一，鄙人自是全力支持，极力赞赏，大力鼓呼、推毂的。

《看见中国：文物里的上下五千年》（10卷）是20年前《中华文明传真》（10卷本）的修订版，由广东教育出版社联合香港商务印书馆，组织一批新老研究学者、一支专业编校队伍，对原书内容进行修订和更新，并增补近些年重大考古发现的挖掘成果。这套书在国家文化强国建设的新时代出版，是对中华民族伟大复兴的一份助促，也是对中华五千多年文明溯源探本的一份补充，是应时应运的文化精品，是实实在在、难能可贵的"锦上添花"。

当《看见中国：文物里的上下五千年》（10卷）的蓝样展现在我眼前的时候，如同展开一幅絜鲜、素雅长卷，一股油墨清香扑面而来，喜见新版与时俱进，焕然一新！20年前在人民大会堂近百人出席的《中华文明传真》（10卷本）首发座谈会上，许多著名文史理论专家如任继愈、逢先知、李学勤、谢辰生、罗哲文等，都对这套书的策划与著述给予了高度的评价，对其社会文化、文史和时代价值予以充分的肯定，反响热烈。最堪称道的是国学泰斗饶宗颐先生对这套书给予的结论性评价，认为它"是21世纪商务印书馆（香港）对学界的重大贡献"。本人作为座谈会的参与者之一，也为之欣喜和感动。

而今因时代、现实之需，这样一部好书经精心修订充实，更名问世，必将发挥全新的社会文化价值。这套书的原版因独具特色，别有新意，将文史学术通俗化，现代生活气息浓厚，深得社会读者的喜爱，在当时声名鹊起，享誉遐迩。此次修订，两家出版社合作，沿用原班人马，增加新生力量，从策划、主编、主笔到参与研讨的专家、学者，多是我相处多年的同行、同事、朋友，他们如今多是历史、文物、考古学术领域的领军人物。修订后的新版，紧密联系时代发展，更加着力于中华

文明来龙去脉的精准解说，"仰观宇宙之大，俯察品类之盛"，力求鲜明地展现中华文明发展进程的脉络与关节，使读者从浅显流畅的文字中汲取更多知识，更深刻地领略中华文明的精髓和要义。

中华文明博大精深，绵延不绝，这是民族自信的源泉所在。面对浩如烟海的文物史料，学者们各呈高见，遴选大量精、准、美的实物图片，使读者得到图文并茂、文质共荣的享受，也得到百科皆备、查读两便的迅捷，真算是做足了功课、下足了气力！

"巨制洛阳曾纸贵，友朋长忆是陈张。"这是在由我主编的《中国文物精华大辞典》（4卷本）连获国家图书奖、国家辞书奖一等奖之后，我写给合作者刘炜女士诗中的两句。"陈张"自然是香港商务印书馆陈万雄、张倩仪两位学者兼出版人。岁月催人老，我们现在都已老退四方，各有他为，但是书还在，人还在，情也还在。老夫当望九之年，欣悉老友们不移白首之心，老树又绽放新花，心喜欲燃，慨然遵命，为《看见中国：文物里的上下五千年》（10卷）新版问世而呐喊助威！为老友们的新作为、新成果而鼓呼推荐！预祝《看见中国：文物里的上下五千年》（10卷）一派新风新趣吹遍九土八荒！永远藏之名山，传之其人，传之同好！

彭卿云

原中国文物报社社长兼总编辑

原中国文物学会会长

2022年9月初秋于北京寓所

策划人语 · 序三

中华人民共和国成立以来，伴随大量的考古发现与考古研究的深入，中国考古工作经过几代人的努力，在20世纪80年代终于迎来快速发展的大好局面，带动对中华文明史的研究和阐释的革命性变化。我很幸运，正赶上这个时候从事编辑出版工作。

我是一个接受传统文献训练的史学研究者，自80年代起，就开始用脚去闯荡中国大地，用眼去做实地和实物考察，用口就教于考古博物界，用心结合文献之所学，探索中国历史文化的脉络。这样的体验，让我对中华文明的历史有了新的认识与理解，因而也逐步开拓了我对中国历史文化出版的思路。21世纪初，这套偏重物质文明创造、以考古文物为主体、图文并茂的《中华文明传真》（10卷本）的面世，就是探索过程中的成果。

这项出版计划在当时一提出，立刻得到国家文物局副局长彭卿云先生的支持，彭先生责成国家文物局研究室副主任刘炜女士担任主编，香港商务印书馆则由编辑部主任张倩仪女士作为出版策划人。双方合力组织一批深谙文献和考古学的专家编写，并动员全国各地的博物馆、文物考古研究所以及文物摄影师，几经艰难下出版成书。

这套书融合了当时最新的考古研究成果，选取了数千张高清的考古文物照片，结合历史文献，由文物来讲述中华文明五千多年发展史的演进过程，这样的选题构想和出版形式，在当时是前所未见的。图书出版后，尤其在香港和海外很是轰动。当时香港大学地理系的薛凤旋教授，称赞它是一套面目一新的中国历史"国民读本"，以誉其在当时的普及和受欢迎程度。一次，我在香港某大学演讲中华文明史，会后一位历史系教授向我半开玩笑地说，你们出版的这套历史文化图书，颠覆了我们以往中国历史教与学的传统。上海社会科学院历史研究所的唐振常教授甚至说，这套书看来是早出了20年，因为他觉得这套书的编写有些前卫，恐怕当时的读者不太明了书的性质和特点。又一次在美国考察业务，一位在中国香港长大、中学后移居美国，时任美国某大学学院院长的学者，托人表示，无论如何希望我腾出时间，跟他见上一面。见面后，他表示，上个暑假回香港时购买了这套图书，他自己不仅通读了，还费劲地逐章讲解给他不大懂中文的子女听。要跟我见面的原因是，

盼望这套图书能翻译成英文，以裨益海外读者。诸如此类的各方面的反映，给我们无以言喻的安慰和满足。

人们很容易误会历史是过去的事物，其实，历史文化与所有学科知识一样，不断会有新的发现、新的研究成果，因而形成了新的知识。只有这样，一门学问，才会令人产生无穷的兴趣，产生不断探求的欲望，这样的学科，才具有蓬勃的生命力。所以，历史文化的出版，如同所有学科知识一样，要不断推陈出新，将新发现、新观念传播于社会。新，是历史文化出版的一个重要追求，也是让历史文化图书成为社会喜爱的图书种类的不二法门。

《中华文明传真》（10卷本）初版后的20年，新的考古发现和研究，愈发证实了中国五千多年文明的源远流长和博大精深，其间发展的脉络，草蛇灰线，更形具体。此次新修订版《看见中国：文物里的上下五千年》（10卷）吸收了这20年新发现的重要成果，如里耶古城遗址、海昏侯墓、"南海Ⅰ号"沉船遗址等，尤其补充了"中华文明探源工程"所揭示的中华文明起源和早期发展的内容，如良渚遗址的内外城结构、石峁遗址的巨型城址等，也增加了新的文物照片，推陈出新，相信能够增进青少年群体对伟大的中华文明的理解，让下一代更加了解中华民族的历史。

际此，国家倡导加强对出土文物和考古遗址的研究、阐释和传播，增加对中国历史文化的深层次认识，大力弘扬中华优秀传统文化，以焕发民族精神、构筑中国力量，这套书的修订出版，可说是"恰逢其时"。此套书出版至今，仍然得见其戞戞独造的特点，是当前系统认识中国历史文化的上佳读物。作为此套书面世的推手，而今能够看到新版的出现，并再次参与其中，喜悦之情，无以复加！

广东教育出版社今与香港商务印书馆的合作出版，值香港回归祖国25周年，发挥了粤港合作的优势，深化了两地的经济文化交流，为粤港澳大湾区的文化建设提供了新路径，为弘扬中国历史文化谱写了新篇章，具有历史性意义。

陈万雄

香港饶宗颐文化馆名誉馆长

原香港联合出版集团副董事长兼总裁

原商务印书馆（香港）总经理兼总编辑

2022年9月

目录

秦

汉

巩固中的统一大帝国

多元化的繁荣社会

文艺与科技

词汇表

秦

公元前 221 年—前 206 年

- 秦人的历程艰辛而漫长
- 秦国的历程残酷而曲折
- 秦朝的历程短暂而辉煌

创建统一的秦帝国

秦人的建国历程

秦人原居于中国东部沿海，公元前16世纪迁徙到甘肃东部的蛮荒之地。由于生产技术远远落后于东方强国，铸造了秦人崇尚勇武、开拓进取的精神和追求功利、重视实效的传统观念。

秦人与夏、商、周各朝政权都有密切交往。后来，周朝衰落，局势动荡，为秦人逐渐强大提供了有利条件。公元前770年秦受周平王分封建国，成为最晚发展起来的诸侯国。秦人从游牧、定居、立国到实现统一霸业，经历了两千年的漫长历程。

游牧阶段

夏朝（约前2070—约前1600）
秦人属于东夷族的支脉，游牧于黄河下游的东海之滨，处于原始社会父系氏族时期。秦人曾为舜驯养鸟兽，舜赐姓嬴氏。祖先伯益协助大禹治水有功。

商朝（约前1600—前1046）
秦人首领费昌助商灭夏有功。秦人分批迁到甘肃东部，与商朝保持联盟关系。当时，秦人以畜牧业为主，进入原始社会末期氏族联盟阶段。

扣合后

扣合前

鸭首形

蛇形

▲ **金带钩**
中原的带钩（腰带扣）以龙、凤、兽面等为造型或纹饰，而秦人带钩的造型多模仿各种动物，具有更加清新、贴近自然的写实风格，带有秦人善于驯养鸟兽的游牧民族遗风。

▶ **战国秦骑马武士俑**
这是目前发现最早的秦人骑马形象，也是现时所知最早的胡服。所谓"胡服"，是西北游牧民族穿的一种适合骑马作战的轻便服装。

折沿皮帽

短衣

还未发明马鞍和马镫

皮带

皮靴

秦人骑的马，属于适宜在黄河流域生存的河套马种，形体浑圆健壮，腿短粗

方便游牧生活的带钩设计

秦人的带钩与中原流行的带钩不同，其类似现代皮带扣的独特设计可以更牢固地系束腰带，适宜进行骑马等剧烈活动，是秦人游牧传统的具体表现。

▲ 秦国贵族用的金带钩

春秋战国各国王室流行佩带具有礼仪意义的组合玉饰。然而，因为组合玉饰过于贵重，不适宜骑马征战，秦人又不尚奢华、轻视礼仪，因此他们一般不带玉饰，有的也只是单件的玉璧或玉佩。秦人一直保持使用带钩的传统，既实用，又有装饰效果。国君或贵族用金带钩或玉带钩，平民用铜带钩，带钩在秦国成为身份的标志。这件鸭首双龙纹金带钩是身份仅次于国君的大夫阶层使用的。

定居阶段

西周（前1046—前771） 西周初年，秦人归附周朝为臣民，实际是地位低下的奴隶，被赐封在西犬丘（今甘肃天水一带）"守边"。秦人以畜牧业为主，农业为辅，进入了较为稳定的定居生活。秦人造父（人名）为周穆王驭马有功，秦人非子（人名）为周孝王养马有功，受封邑秦亭（今甘肃天水清水县一带），从此秦人称"秦嬴"。公元前776年，秦襄公迁汧（qiān，今陕西宝鸡陇县东南）。这是秦人进入陕西境内的第一个城邑，对今后的立国和发展至关重要。

立国阶段

春秋战国（前770—前221） 公元前770年，秦襄公协助周平王东迁有功，被封为诸侯，赐以岐山以西的广袤土地，秦国从此作为正式的诸侯国大步地跨向历史舞台。秦国在500年间，由落后的游牧经济变为先进的农业经济，并通过强大的武力，不断向东迁徙国都、开拓疆土，最终实现了建立统一大帝国的梦想。

帝国阶段

秦朝（前221—前206） 秦始皇统一天下，建立中国历史上第一个中央集权国家，并制定一系列相应的制度和法律。尽管秦始皇作出了这样精心而空前的帝国规划，秦朝的国运却仅维持了15年。

▼ 鹿、雁、蟾蜍（chán chú）纹瓦当

▲ 鹿纹瓦当

秦国的建筑构件"瓦当"，多以鹿纹、羊纹、雁纹作装饰，反映了秦人与动物天然亲和，他们曾经共在蓝天草原之间生活。

公元前21世纪	公元前11世纪	公元前770年	公元前221年	公元前206年
	游牧阶段	定居阶段	立国阶段	帝国阶段
由黄河下游进入甘肃东部	进入陕西	被封诸侯向东扩张	建立帝国后瞬间灭亡	

秦

▲ 秦人的发展历程

3

秦人的迁徙——东进！东进！

游牧于荒蛮之地的秦人，并不甘心屈居于牧马人的地位，早已雄心勃勃，虎视天下，决心使后世子孙饮马于黄河。因为受到地理环境的限制，秦人无法扩张势力，而"八百里秦川"地势高敞，具有向东俯冲之势，正是称霸争战的理想据点。秦人奋勇征战，经过8次具有重大战略意义的举国迁徙，从西戎迁到西周王室的故地，最终定都在适宜秦国发展的咸阳，奠定了日后统一天下的基础。

战略性的都城大迁徙

公元前16世纪至前8世纪，秦国经过3次大规模向东迁徙，从西戎迁到陕西境内的西周故地。自公元前776年在汧邑建都，在以后的300多年间，秦国有25位国君前仆后继，沿着渭水河畔向东扩展，共迁都5次，到公元前350年，定都在咸阳。秦国东进迁都，不仅表现了秦人不定居的游牧习俗，也具有重要战略意义，每次迁都均开拓一片疆土，建立一处军事据点，势力不断向东扩张。

迁都使国力增强

在战略性的东迁过程中，秦国由最初统治的西戎荒蛮之地到达了经济、文化高度发达的西周都城腹地。此后，秦国积极汲取周王朝和东方六国先进的生产技术与文化，很快由落后的游牧经济发展为先进的农耕经济。疆土逐渐由小到大，国力逐渐由弱转强，成为战国时期的军事强国。

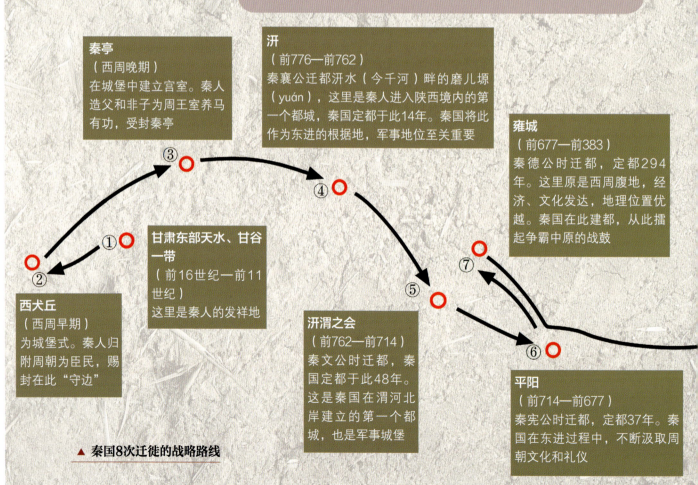

秦亭
（西周晚期）
在城堡中建立宫室。秦人造父和非子为周王室养马有功，受封秦亭

汧
（前776—前762）
秦襄公迁都汧水（今千河）畔的磨儿塬（yuán），这里是秦人进入陕西境内的第一个都城，秦国定都于此14年。秦国将此作为东进的根据地，军事地位至关重要

雍城
（前677—前383）
秦德公时迁都，定都294年。这里原是西周腹地，经济、文化发达，地理位置优越。秦国在此建都，从此擂起争霸中原的战鼓

甘肃东部天水、甘谷一带
（前16世纪—前11世纪）
这里是秦人的发祥地

西犬丘
（西周早期）
为城堡式。秦人归附周朝为臣民，赐封在此"守边"

汧渭之会
（前762—前714）
秦文公时迁都，秦国定都于此48年。这是秦国在渭河北岸建立的第一个都城，也是军事城堡

平阳
（前714—前677）
秦宪公时迁都，定都37年。秦国在东进过程中，不断汲取周朝文化和礼仪

▲ 秦国8次迁徙的战略路线

养马是秦人立国之本

　　秦人以牧马著称，养马是他们主要的经济源泉，因此有养马、爱马的传统。秦人立国后，将养马业视为立国之本，建立了全国性的马匹档案，每年定期进行养马评比活动，选拔优良品种。秦政府还根据马匹的饲养、训练、医疗等管理问题，制定了《厩（jiù）苑律》，打击破坏养马业的行为。战国时，秦国的养马业居六国之首，秦军战马在统一六国的战争中，发挥了巨大的威力。

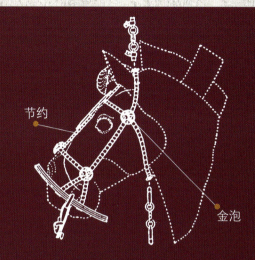

节约

金泡

▲ 金泡与节约的装饰位置

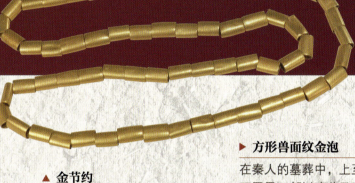

▲ 金节约

▶ **方形兽面纹金泡**

在秦人的墓葬中，上至帝王，下至平民，都以殉葬马匹或马具为时尚。这组随葬马匹佩戴的金质装饰，在平阳的秦国王室大墓中出土，是秦人爱马传统的写照。

栎阳

（前383—前350）
秦献公时迁都，定都33年。这里是交通要冲、军事重镇，又是手工业中心，史上著名的商鞅变法也发生在此地。秦国在此完成了统一六国的军事准备

⑧ ○
○ ⑨

▶ **兽面形嵌绿松石金泡**

咸阳

（前350—前206）
秦孝公时迁都陕西咸阳塬，建都144年。这里是关中腹地，土地肥沃，物产富饶，易守难攻。秦始皇建立秦朝后，在此营建壮丽的宫殿群，延绵方圆200里，是中国历史上最宏伟的都城之一

▶ **圆形蟠螭（pánchī）**
纹金泡

雍城的宫殿

雍城是秦国建都时间最长的都城。秦人经过5次迁都,控制了西北大片土地。然而,过去的都城虽然易守难攻,却不具备向东发展的条件。秦人到达雍水,眼前终于出现了辽阔的原野。秦人在此建立雍城,自此真正站稳了脚跟,揭开了称霸的序幕。

秦在雍城的近300年间,正值春秋战国时代,诸侯争相僭越周礼,享用周天子的礼仪。秦人也不甘示弱,僭越周礼、藐视周王室的现象在雍城随处可见,宫殿、宗庙、陵园等礼制建筑的规模,使诸侯以至日渐衰微的周天子也望尘莫及。

精心规划的都城

雍城是一座经过精心规划的都城,依雍水而建,由城垣、宫室、宗庙、王陵区、平民墓地以及郊外的离宫别馆组成。

雍城建造的时代,正值秦国国力处于由弱转强的上升时期,都城的建设规划体现了秦国的蓬勃朝气,以规模宏大为主要特征。尤其在春秋五霸之一的秦穆公(?—前621)执政时期,秦国的经济飞跃发展,为了显示其强大国力,王室宫殿的建造规模比各诸侯国甚至周天子都更加辉煌。

城墙与城壕

雍城平面呈长方形,四周有夯土城墙,东西长3480米,南北宽3130米。城墙周围有一条宽20米的护城壕,是保卫都城的第一道防线。雍城总面积达1100万平方米,相当于现代1500多个标准的足球场。西周都城丰镐(Fēng-Hào,今陕西西安长安区沣河一带)的总面积为1000万平方米,东周都城洛阳的总面积为924万平方米,雍城的规模比之更加宏大。

宫殿

雍城的主体宫殿包括朝寝、蕲(qí)年殿、大郑宫和棫(yù)阳宫,它们主要分布在城的西部,以规模宏大为特征。至于离宫别馆,则散布在城外。

▲ 大郑宫青铜建筑构件

遗址出土64件青铜建筑构件,证明雍城建筑的豪华壮观。

▲ 鎏金青铜兽面纹衔玉环铺首

铺首,门上用以衔环的底座,为中国传统建筑的门饰。这件衔玉环铺首,是镶嵌在宫殿大门上的。

雍城主要宫殿建筑

宫殿建筑	介绍
朝寝	秦国国君日常处理政务和居住的宫殿，是都城中的重点保护区域，四周有厚达3.2米的城墙；有5层院落，总面积达21 849平方米，布局基本仿效周王的朝寝制度
蕲年殿	建于高台之上，总面积达20 000平方米。秦王嬴政曾在这里举行加冕典礼
械阳宫	秦昭王建造的宫殿，因为遗址破坏严重，无法确知原貌
大郑宫	秦德公元年（前677）迁都，建立这座最早的宫殿。落成典礼相当隆重，德公杀牛、羊、猪各300头，祭祀天帝，占卜秦国的前途。巫师断言，秦国定都雍城，后代子孙可以到黄河之滨牧马，意思是秦国的疆土将到达黄河一带

▼ **青铜双耳鍑**（fù）
这是械阳宫遗址出土的宫殿陈设品。

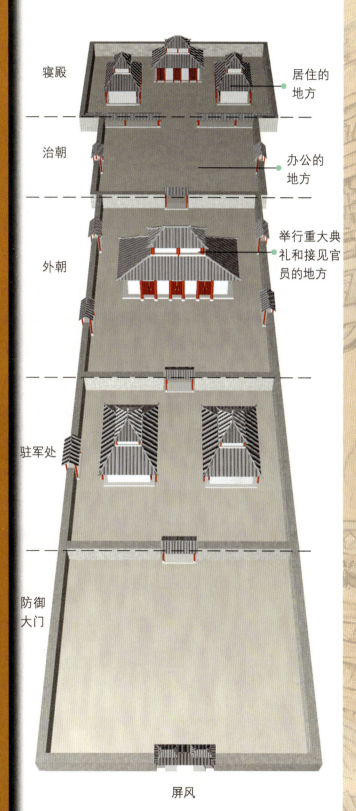

寝殿 —— 居住的地方

治朝 —— 办公的地方

外朝 —— 举行重大典礼和接见官员的地方

驻军处

防御大门

屏风

▲ **朝寝复原图**

雍城的特殊建筑物

雍城的建筑除了主体宫殿外，宗庙是全城最神圣的地方。那里供奉着秦国的列祖列宗，凡是国家大事都要在此举行祭祀典礼，祈求祖先在天之灵的保佑，同时也是向世人昭示祖先功绩的重要形式。

秦国虽然推行压抑商人的政策，然而在进入经济发达的地区以后，雍城也设立了专供贸易的集市，并由官府严格管理。但是，市场的规模较小，反映了这时期秦国的商业仍然处于初生阶段。

居安思危的宗庙

宗庙是西周以来各国统治者极其重视的礼制建筑。雍城的宗庙是由秦穆公创建的，他曾吞并西戎十二国，扩地千里，战绩显赫。在宗庙中除了供奉秦国先祖灵位以外，还专门设立了"亡国之社"，放置在战争中被秦国所亡的君主的灵位，以此炫耀武功，并告诫国人要居安思危。

王室专用冰窖——凌阴宫

凌阴宫可以藏冰190立方米。整体建筑体现了防光、防热、防水、防风的特殊功能，是秦人将掌握的科学知识巧妙运用到建筑的典范。宫廷举行重大的祭祀、朝觐（jìn）、赐礼等活动，多杀牲作祭品，因此需要供应大量的冰。

抑商政策下的集市

集市是西周以来随着商品经济发展而出现的新事物，是城市中专门进行商品交易的场所。最初是民间交易，西周中晚期贵族控制了贸易市场，由官府集中管理。春秋时期，商品经济空前繁荣，无论大小城市，集市都已成为不可缺少的地方。齐国、燕国的都城甚至设立若干市场，有官营和私营。

秦国推行压抑商人的政策，商品经济的发展总体不及东方六国，因此，雍城只有一个集市。雍城的集市由官府控制，经营时间、商品种类都有严格规定。门楼上是集市管理机构"市亭"的办公处，在此居高临下，维持集市秩序。

这是雍城出土的瓦当。瓦当是用来保护屋檐，遮挡两行板瓦之间的缝隙，防止屋面雨水渗漏的建筑构件。人们在瓦当上加各种花纹，使它兼具装饰作用。

▲ 凤鸟纹瓦当

◀ 青铜壶
出土于雍城，是重要的祭祀仪式上或宴飨（xiǎng）时盛酒的器皿。

◀ 虎食雁纹瓦当

▼ 宗庙复原图

雍城的宗庙遗址是迄今发现的规模相当大的先秦高级礼制建筑群。宗庙坐北朝南，面积达7560平方米，由都宫、祖庙、昭庙、穆庙、中庭和"亡国之社"组成。四周有围墙，形成封闭的建筑群。其布局基本沿袭西周都城的制度，但比周王宗庙更加宏伟。

"亡国之社"（存放被秦国亡国的君主的灵位）

祖庙（供奉秦国先祖灵位及先祖所用物品的地方）

穆庙（供奉秦国国君灵位的地方）

中庭（祭祀场所，密布大量牛、羊、猪骨）

昭庙（供奉秦国国君灵位的地方）

都宫（秦国国君在此举行祭祖活动和决策军国大事）

南门

▼ 凌阴宫复原图

雍城宫殿群中的王室专用冰窖，东西长16.5米，南北宽17.1米。

北

保温防光
屋顶覆盖厚厚的稻草，避免阳光直接照射冰窖

防热
正中有一个高台，台基上挖一窖穴，窖内铺满草芥，上面放冰，窖顶再用草芥和泥覆盖，将冰严密封闭，防止融化

槽门隔板
为了防止白起河谷的西北风直接吹入冰窖，第二道槽门外设排水管道，平时用槽门的隔板挡住风口，加强对冰窖的保护

防水
草芥下是一层片状的岩石，融化的冰水可以渗入底层，很快由槽门排出，尽量减少窖内的积水，减慢藏冰融化的速度

运冰及防风
窖穴的西面有一条与西墙相通的沟槽，沟槽呈梯形，设有5道槽门，通向白起河。藏冰来自冬季冻结的河水，由沟槽运入冰窖

防光
凌阴宫是完全封闭式的建筑，四周是矮墙

◀ 排水管道

凌阴宫利用这种藏于第二道槽门地下的排水管道排出积水，减慢藏冰融化的速度。

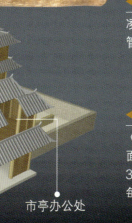

市亭办公处

◀ 集市复原图

《周礼》规定市场的位置必须设在朝寝后面，称为"前朝后市"。雍城集市的面积有34 030平方米，是全封闭式的，四周有围墙，每面辟一门，与《周礼》的规定完全相符。

富有创造性的秦公陵园

雍城内的宫殿、宗庙等重要的礼制建筑，是秦国东进过程中仿效和僭越周王朝礼制的产物。而位于城外的另一处礼制建筑 —— 秦公陵园，则充分显示了秦人独特的创造性。这里受到周礼束缚的痕迹很少，秦人的风格体现得更为突出。尤其是秦国历代君主的陵墓，布局自成体系，完整而统一，凭借高敞地形设计的巨大建筑群，是秦国日益强盛的象征。

这3件器物都在秦都雍城出土，是春秋战国时代秦公的陪葬品。

▲ 玉璧

▲ 彩绘陶壶

▼ 蝉纹象牙雕

秦公陵园的布局

秦公陵园占地21平方千米，构筑陵园的全部土方达110万立方米，这些数字显示出陵园恢宏的规模。由于秦人缺乏宗法观念，陵园的布局与周王朝和各诸侯国都不相同。周王的陵墓是按照明确的辈分左右排列的，父在左，儿在右，孙在左，曾孙在右，左昭右穆，循环不断，称为"昭穆制度"。这是周礼的重要礼制，春秋战国各诸侯国基本遵循这一礼制。但是埋葬在秦公陵园内的19位秦国君主的陵墓，却没有遵照昭穆制度，而是随凤翔塬的地形安排陵墓的位置。

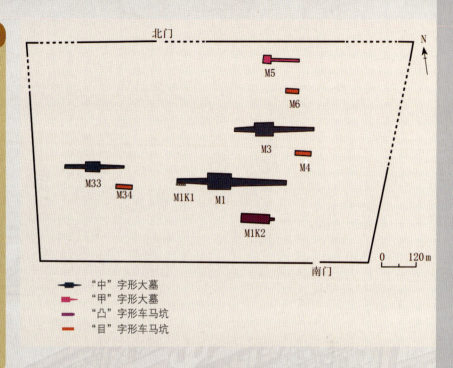

北门

N

M5

M6

M3

M4

M33

M34

M1K1   M1

M1K2

南门

0   120 m

- ■ "中"字形大墓
- ▬ "甲"字形大墓
- ▬ "凸"字形车马坑
- ▬ "目"字形车马坑

▲ **雍城秦公一号陵园平面分布图**

秦公陵园目前共发现14座独立的小陵园，这是其中的一号陵园，秦景公墓即发现于此。

注：图片绘制参考陕西省考古研究院等《陕西凤翔雍城秦公一号大墓一号坑考古发掘简报》。

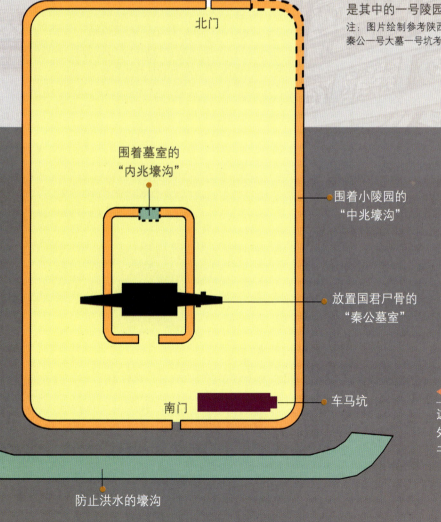

北门

围着墓室的
"内兆壕沟"

围着小陵园的
"中兆壕沟"

放置国君尸骨的
"秦公墓室"

南门

车马坑

防止洪水的壕沟

◀ **秦景公墓的结构**

这座陵园有3道壕沟，构成外兆、中兆和内兆，又有若干座大墓和车马坑。

雄心勃勃的秦景公

在雍城秦公陵园发现的秦国君主陵墓中，目前能够确知墓主人身份的只有秦景公（？—前537）。

秦景公是春秋时期继西北霸主秦穆公以后，在秦国执政时间最长、颇有建树的君主，在位近40年。其墓室规模之大，布局之完整，毫不比周天子逊色，堪称春秋时期陵墓之最，充分体现秦国的强大国力。尤其是墓室中标志墓主人高贵身份的"黄肠题凑"，更是影响深远，成为数百年后汉朝帝王陵墓制度的重要组成部分。然而，早已在中原各国消失的殉人习俗，这时仍然保留在秦国的葬制中。

秦景公墓的墓室

墓室由两个椁（guǒ）室组成。主椁室平面呈长方形，全部用木板砌成，中间有隔墙，形成前室和后室，称为"黄肠题凑"。墓主人的棺木放在正中，这是仿照宫室中"前朝后寝"的布局设计的，前室象征秦景公生前办公、议事的朝宫，后室象征他起居饮食的寝室。这种葬制始于秦国，汉朝从皇帝到诸侯王的陵墓都享用黄肠题凑。

殉人风气盛行

殉葬奴隶是商朝流行的残酷葬制，地位越高，殉人越多。西周时代，这种葬制开始受到遏制，到春秋时期中原和长江流域诸国已经逐渐淘汰这一陋习，战国时期东方六国的贵族大墓中殉葬现象几乎绝迹，但是在秦国仍然盛行殉葬奴隶，而且人数众多。此外，地位较高的宠臣和侍从，也会被殉葬。秦景公墓殉人就是一个典型例证。

秦国殉人风气盛行，与其原始遗风密切相关。秦国进入中原很晚，又不循礼仪，所以陋习未改。到战国时期，频繁的战争又使许多战俘成为秦国的殉葬者。因此，秦国是保留这种残酷制度最顽固的国家。直至战国中期，秦献公下令废除殉人制度，这种现象才逐渐在秦国消失。到秦始皇统一六国后，取而代之的是陶制的兵马俑群。

> 这几件都是秦景公墓侧室出土的随葬品。

▲ 透雕蟠螭纹玉佩

▼ 蟠螭纹玉璋

▲ 金龙

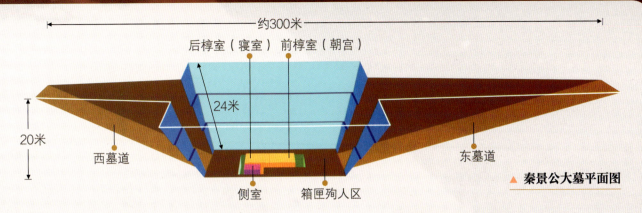

约300米

后椁室（寝室）　前椁室（朝宫）

24米

20米

西墓道

东墓道

侧室　箱匣殉人区

▲ 秦景公大墓平面图

▼ 秦景公大墓发掘现场

▼ 侧室

侧室是放置随葬品的地方，但因为墓葬早年曾被盗掘，除了出土金玉佩饰等小件物品外，大件随葬品多已无存。秦景公墓被盗情况严重，仅表面开挖时就发现了247个盗洞。这个侧室的盗洞，长宽各约80厘米。

从人与墓道的大小比例，可见墓葬规模庞大

由木板分隔的箱子，每箱的人数不等，地位最高者一箱一人

箱匣殉人区的发掘现场

墓室共殉葬186人，其中20人在墓室的填土内，其余环绕在椁室的二层台上，按照地位尊卑，排列有序。尊者排列在二层台的内圈，共有94人，盛殓于枋（fāng）木黑漆棺里，有的还有棺有椁，随葬品多是精美的串珠、玉璜（huáng）等。他们应当是地位较高的侍从。另有卑者72人，殓于薄木匣里，随葬品多是生产工具，应当是地位卑微的奴隶。所有的棺木上都有朱砂书写的编号，证明入葬时井然有序，并有严格的等级观念。

不循礼仪的秦人

秦人在东进过程中，其植根于游牧民族特有的文化，与周朝和东方诸国的宗法制文化发生融合与冲撞。周朝以氏族血缘延伸的分封制为基础，形成了王权、族权、神权合一的政治体制，其核心是血亲政治，由此产生了周礼，实行以礼治国。秦人的政治体制却与此不同，以军事中央集权制和地方郡县制取代了血亲政治。

秦人汲取周朝先进文化的同时，又努力融合周边民族的文化和六国文化。他们以法治国，缺乏宗法观念，不循礼仪，不重视祖先崇拜，漠视神权。只重现实、唯大是求的功利意识，是秦人文化的特征。秦国出土的青铜礼器，正是这种文化特征的具体表现。

僭越周礼

春秋早期，周朝等级森严的礼仪制度虽然已经受到诸侯国的冲击，走向衰落，但是刚刚进入中原的秦王室以及贵族阶层仍然受到周礼的熏陶。代表周朝王权和神权的礼器，被最初进入中原的几代秦王所仿效，以显示秦国的政治地位和强大的军事势力。当时，各诸侯国僭越周王室礼制，从贵族到平民都普遍使用青铜礼器。但是，在秦国只有王室和身份较高的贵族才能享用青铜礼器。秦国制造的礼器，数量少而且品种单一，没有大规模成套的礼器，器物的质地也普遍较薄，纹饰简洁，无论数量还是质量都远远比东方六国逊色，更无法与周王室相比。然而，秦国铜器的造型和铭文，却处处保留着秦人不循礼仪、争霸东方的信念。

风格清新的秦国礼器

秦国逐渐强盛后，由最初全盘仿效周文化转变为建立和发展具有本国独特风格的文化，由此产生了各种追求清新自然风格的艺术品。而代表周王朝传统的青铜礼器，则受到了强烈的冲击。

秦国的冶铜业，主要是生产兵器，这是由秦人的务实精神所致。减少礼器可节省青铜，用来铸造兵器，应付战争需要。然而，目前发现的少量秦国青铜礼器，从造型、纹饰到铸造工艺并不落伍，有的还具有领先水平，已经完全脱离了礼器作为神权与王权合一载体的本意，成为具有观赏性的艺术品。

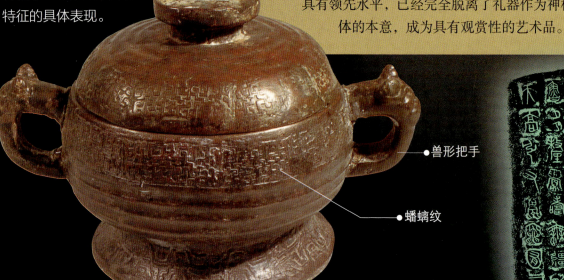

● 兽形把手

● 蟠螭纹

▲ **秦公簋**（现藏于中国国家博物馆）

这件秦景公时期在宫廷大典中盛载食物的礼器，从器形和纹饰来看，是一件仿效周礼的代表作品。簋内和盖上的铭文，记载了秦人建国的艰难历程，以及秦景公告诫后世要永固疆土的训词。

▲ **秦公簋铭文拓片**

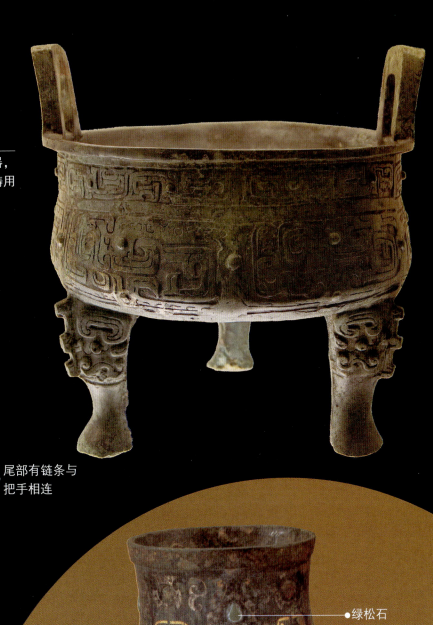

▶ **秦公鼎**

这是一件春秋早期的青铜礼器，器腹内壁铸有铭文"秦公作铸用鼎"，说明器主是秦公。

可以开合的
鸟形壶盖

瓠瓜形
器身

尾部有链条与
把手相连

绿松石

错金银

红琉璃

▲ **青铜鸟盖瓠（hù）壶**

这是一件盛酒器皿，造型和纹饰已经完全摆脱周礼的束缚，追求清新自然的风格。

▶ **镶嵌云纹壶**

壶上装饰的流云纹，是用错金银和绿松石、红琉璃镶嵌的，这种青铜镶嵌工艺是当时的一种新技巧。由此可见秦国青铜器铸造技术的领先水平。

秦人好音乐

在秦国王室大典的礼仪用器中，各种乐器占有很大比例，显示其宫廷乐队颇具规模。秦人虽然不似楚人拥有浪漫情调和齐人拥有典雅气质，但是他们也自古爱好音乐，以"击瓮叩缶，弹筝搏髀（bì）"的民间音乐为时尚。秦人进入中原后，因为受到周王朝正统礼乐的熏陶，宫廷礼乐逐渐取代了民间音乐，这使得各类乐器既延续了周礼的遗风，又有秦人独特的风格。

秦乐流行西北风

史书记载，秦穆公曾经下令，以西北风格作为秦音的基调。

秦国宫廷有一支颇具规模的乐队，见于史书记载的著名乐人有高渐离、萧史、秦青等。值得注意的是，秦人乐器的种类齐备，演奏程序也相当复杂。演奏的乐器除了青铜钟、镈（bó）以外，还以石质编磬为主体。在秦景公大墓中，有石质编磬2套随葬，共数十件，而且形制巨大。在凤翔一座秦国贵族大墓中，也出土4套共48件陶质编磬。而以音乐著称的楚国，在楚庄王儿子王子午的墓中，随葬的石质编磬仅有3件，而且形制较小。由此可见，与东方六国流行的青铜礼乐器相比，秦人更注重风格质朴、音韵粗犷和谐的石质或陶质乐器。

倡导移风易俗的音乐

秦人在音乐理论方面也颇有建树，例如秦国丞相吕不韦命门人作《吕氏春秋》，其中关于音乐的起源、发展以及方法等理论，无不涉及，借此强调以音乐移风易俗的作用，提倡健康音乐，反对庸俗音乐，鄙弃东方六国流行的靡靡之音，重视独特的音乐风格。秦人甚至认为，音乐的兴衰与一个时代的政治密切相关，并可以对政治产生意想不到的作用，强调统治者对音乐不可等闲视之。当时秦国对音乐重视的程度是东方六国远远不及的。

— 鸟纹

◄ 秦公钟

陕西宝鸡的秦平阳城遗址出土5件钟和3件镈。钟和镈上铸有相同的铭文，大意是：秦国先祖治理国家，拥有四方疆土，建立丰功伟业。秦人制造钟、镈，纪念先祖的功绩，祈求"秦公长（常）在位，受天命，眉寿无疆"。铭文中还记载秦乐端直、严正、敬和的特性。直至今天的西北民歌，仍存有秦乐粗犷厚重的余韵。

— 变形卷龙纹

透雕蟠螭
纹的脊部

历史小证据

秦人爱石质乐器

秦景公大墓出土了石磬数十件，共2套编磬，是秦景公即位后举行亲政典礼时使用的乐器。这批乐器出土时多已残缺，唯有此石磬保存较好，还残留铭文，记载"百乐咸（合）奏"，反映秦国宫廷乐队的场面之大，气氛之热烈。

▶ **"高阳有灵"石磬**

高阳，即颛顼（Zhuān xū），古传五帝之一。这是考古所见最早的关于高阳氏的记载。

刻有与秦公钟
相同的铭文

▲ 秦公镈（现藏于宝鸡青铜器博物院）

秦公钟和镈的造型装饰，威严中显活跃生机，铸造工艺相当成熟，可与周王朝的青铜礼器相媲美。而且铭文书体工整娟秀，已经形成秦篆体系。由此表明秦人在吸收东方先进文化的同时，也保留和创造了他们独特的风格。

钟纽，用以把
钟挂在架上

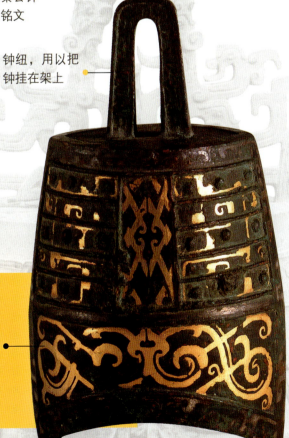

▶ 乐府钟

这件青铜钟出土于秦始皇陵，钟纽上刻有"乐府"2字。乐府是主管宫廷音乐的官署。这件乐府钟证实了秦始皇陵园内也设置了乐府，并有一批乐人负责日常的祭祀礼乐活动。

错金云纹

铁器带来的百业腾飞

秦人进入关中地区后，积极吸收人才和先进的生产技术，为日后的经济腾飞奠定基础。

春秋时期，诸侯国纷纷发展冶铜业，僭越礼制，铸造青铜礼器。秦人则轻视礼仪，冶铜业总体并不发达，而是重视冶铁业。春秋中期，秦国铁器产量激增，与楚国并称铁器大国。这对秦国由游牧经济过渡到农耕经济起到积极作用。战国晚期，秦国的铁器已相当普及，连日常使用的小工具都是铁制的。到了秦朝，冶铁业成为政府直接管辖的产业，在军事装备上发挥了重要的作用。

▶ 铁犁铧

新兴的冶铁业

秦国所处的关中一带，铁矿贫乏，因此，秦国发展冶铁业比富铁矿的诸侯国艰难得多。但秦国十分重视冶铁业的发展，立国不久，政府就以优惠的条件向农民推广铁农具。到战国时期，农业和手工业的生产工具基本都由铁器取代，秦国成为铁器制造最发达的国家。尤其是用于牛耕的铁犁铧的普及，更为秦国大规模开垦土地和农业深耕细作提供了条件。

秦朝的冶铁业由政府直接管理，属于官营手工业作坊，由具有相当权力的主铁官负责经营。至于私营的冶铁手工业作坊，此时尚未从官营冶铁业中分离出来，未形成独立的行业。在陕西咸阳都城发现了规模很大的秦朝官府冶铁作坊遗址，产品有兵器和工具两大类，各项工序管理有序，已经形成了规模化、系列化生产。

▲ 铁犁铧

秦国是战国时期使用牛耕技术最普遍的国家。铁犁铧是利用牛力进行深耕的利器，它的出现标志着农业生产进入深耕细作的新阶段。

◀ 铁锸（chā）

◀ 铁锤

务实的秦人不喜欢礼仪器具，反而常以铁农具随葬。在秦人的墓葬中常常有大量铁器出土，例如陕西宝鸡凤翔区的一座战国秦人墓中，就有56件铁农具随葬，没有其他随葬品。

▶ 铁铲

黄金业的成就

　　秦国的玉器、漆器、金器的生产都具有相当规模。尤其是春秋战国时代，秦国的黄金制造水平在诸侯国中是最高的，不仅数量最多，而且艺术成就极高。

　　铸造金器要求有高温度和复杂的工艺技术，与铜、铁器相比，制造金器的难度更大。春秋中期，秦国中央直属的官府手工业作坊制造的金器，已经有统一和规范的风格，这是私人作坊无法达到的。秦国的金器很少有礼器和装饰品，主要是带钩、车马器部件等实用器具，同样追求一种清新的风格。

▲ 金虎

秦国的金器多是铸造成型的。这件金虎铸造工艺精湛，纹饰清晰，威猛中显憨（hān）态可掬，是秦国金器的代表作品。

▲ 金异兽

　　这两件在雍城出土的金器，反映出秦人高超的工艺水平和创造力。

▶ 金兽面

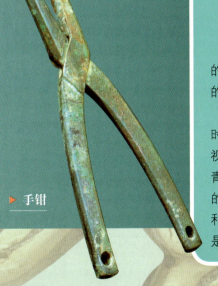
▶ 手钳

历史小证据

手钳的奥妙

　　它与现代手钳的外形完全一样，现代的手钳采用连轴的方式开合，但这把手钳左、右部件只靠一条槽作为接合的套口，无须焊接或用钉子穿连。

　　这把青铜手钳是用途广泛的常备工具，在打制铁器时，可以用来夹着铁器。秦人以游牧起家，不循礼仪，重视功利和实用，因此秦国的青铜冶铸技术虽然精湛，但是青铜礼器远远无法与其他大国相比。数量最多、最有成就的产品当属青铜武器，其次是大型建筑构件、贵族车马器和平民使用的青铜工具、带钩等小件日用品。这把手钳就是秦人青铜冶铸工艺精湛，而且重视实用的证据。

崭新的帝国制度

公元前221年，秦始皇建立了中国历史上第一个统一的多民族的封建国家——秦朝。他创立了皇帝制度、郡县制度、官吏制度以及相应的法律制度。这一系列维护以皇帝为中心的制度，贯穿中国君主专制体制的两千年历程。

然而，秦国统治阶层适应军事战争的思维和行为方式，影响了他们的治国方向。在征战中需要建立的绝对权威，曾促使秦国完成统一大业。但统一后，绝对权威演变成秦始皇的专断独行，全面实行暴政，导致秦朝很快灭亡。

▶ 秦始皇像

秦国的统一战争

战国末年，随着铁器普及，生产力出现很大飞跃，诸侯国之间又打破封锁，经济联系大大加强。原来居住在中原周围的少数民族，逐渐与中原民族融为一体，形成以共同经济文化、共同生活习俗、共同语言文字为基础的主体民族——华夏族。在此情况下，结束诸侯混战，完成国家统一，成为必然趋势。这时东方六国一个一个衰败，唯独秦国越战越勇。从公元前230年至前221年，秦国在10年间统一六国，建立了统一的多民族的中央集权国家，结束500多年的诸侯混战。

▼ 秦灭六国的次序

1 公元前230年，首先消灭六国中最小的韩国

2 公元前229—前228年，趁赵国发生天灾的机会，攻克赵都邯郸，俘赵王。赵公子奔代郡（治今河北张家口蔚县东北），称代王

3 公元前227年，燕国太子丹派荆轲刺杀秦王政失败，秦国攻打燕国，次年破蓟（Jì）城（今北京市西南），燕王迁到辽东郡（治今辽宁辽阳）

4 公元前225年，利用黄河水淹魏国都城3个月，消灭魏国

5 公元前224年，出兵60万攻打最强大的楚国。战争持续两年多，秦王政动员全国人力、物力补给前线的需要

6 公元前222年，消灭楚国和燕国；攻克代郡，灭赵

7 公元前221年，齐国不战而降

秦始皇与皇帝制度

秦始皇（前259—前210）是秦帝国的开创者。他本名政，祖姓嬴，13岁即位，是赫赫有名的秦王政。他执政期间，秦国的国力已经位居诸国之首。秦王政继承秦国先祖追求霸业的精神，与先祖相比，他更加不受礼仪道德的束缚。在先祖梦想"饮马于（黄）河"的基础上，兼并天下，成为秦王政追求的唯一理想。终于在公元前221年扫平六国，完成统一霸业。

商周以来，国君都称王。秦王政认为自己兼并天下，德高三皇，功盖五帝，只称"秦王"不符合他的崇高地位，于是将"三皇五帝"合而为一，称"皇帝"，这样就产生了中国历史上第一位皇帝。秦始皇为了显示他的神圣地位，还确立了一套皇帝制度：命称"制"，令称"诏"，自称"朕"。皇帝专用印以玉雕刻，专名"玺"。这种制度一直保留到清朝。

在皇帝制度下，皇帝拥有至高无上的权力，全国的主要官员都由他亲自任免，所有官吏都要严格按照他的意志办事。

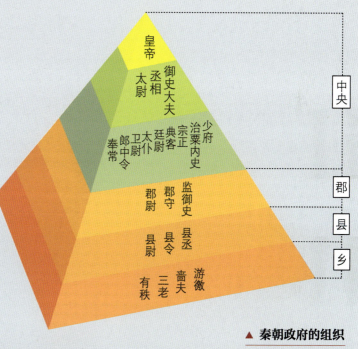

▲ 秦朝政府的组织

金字塔式的官吏制度

秦朝推行中央集权的政治体制，官职一律不得世袭。在皇帝之下设立中央政府，以三公九卿为政府的核心成员。丞相、太尉、御史大夫等三公，是掌管全国行政、军事和监察的最高长官，九卿则分管皇家事务以及法律、外交、军事、财政等。

三公九卿各有一套行政机构，负责处理日常事务，大事先请示丞相，最后由皇帝钦定，皇帝之下的中央政府形成金字塔式的体制，完全维护以皇帝为中心的至高无上的权力。

郡县制与地域政治

在秦国的统一历程中，每占领一地，设立行政机构"郡"或"县"，由国君直接任命的长官管理。秦朝建立后，在全国设立40余郡，全面推行郡县制。

郡县制是秦朝特有的行政管理体制。秦朝废除周朝以来通行的以血亲政治为纽带的分封制，改为推行郡县制。这是秦人轻视宗法观念、实行地域政治的结果。

秦始皇巡视天下

秦始皇完成统一天下的霸业，颁布一系列新制度、新法规以后，首先遭到战国六国旧贵族的强烈反击。为了宣扬皇帝的声威，扩大政治影响，震慑六国的反秦势力，秦始皇组织了5次大规模巡视天下的活动。这支庞大的巡视队伍，实际上是宣传队，形象地将皇帝的威严和声势、朝廷的各项政令和制度，生动、鲜明地传播到全国各地，使上至地方各级官吏，下至平民百姓都能够尽快了解到这场翻天覆地的社会变革。

▲ 秦始皇阅兵场面

巡视区域

秦始皇巡视的区域，主要集中在六国旧地中原、华北、华东一带。他在沿途以皇帝的名义祭祀名山大川，表示自己是山河万物的主宰，受命于天，代表上天的旨意统治国家。他还在沿途建立大型纪念碑，刻辞颂扬自己的伟大功绩，夸耀秦帝国的空前强大。

秦始皇的出行队伍

秦始皇的出行队伍浩浩荡荡，由丞相和中央政府的高级官员组成。前面有主导车，随后是秦始皇的安车和高级官员的乘车，再后面是由80多辆马车组成的车队。每辆车有13~15名车兵和步兵护卫，总计出行队伍达1200~1500人。

▼ 秦始皇泗水捞鼎局部（画像石拓片）

先秦时代，青铜鼎是传国之宝，鼎在国存，鼎失国亡。秦始皇统一天下后，在彭城（今江苏徐州）斋戒祈祷，命上千人从泗水打捞周朝遗落水中的传国九鼎，以保江山永存。可是没有捞到，世人视为不祥之兆。这个画面正是以此为主题刻画的。

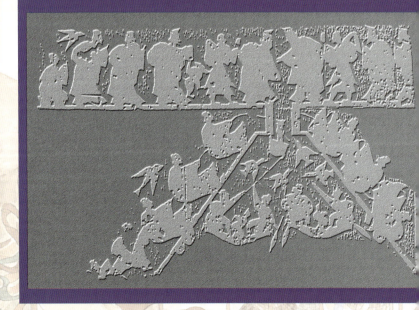

▼ 秦始皇出巡路线

次序	时间	地点	大事记
第一次	公元前220年	陇西郡（今甘肃境内）	秦始皇视察秦国西北边防，确定抗击匈奴的战略
第二次	公元前219年	齐国、楚国旧地	泰山封禅，立泰山刻石。登之罘（fú）山，立琅邪刻石。秦始皇为求长生，命方士徐福带同数千名童男童女东渡入海求仙药
第三次	公元前218年	燕国、韩国旧地	韩国贵族后裔张良招募刺客在博浪沙（今河南原阳）刺杀秦始皇失败
第四次	公元前215年	周朝腹畿，燕国、韩国旧地	—
第五次	公元前210年	楚、越、吴、齐和燕国旧地	秦始皇在途中患重病，死在沙丘平台（今河北广宗西北）

标准的秦朝小篆——"帝"

◀ **琅邪刻石局部**

琅邪刻石与泰山刻石、碣石刻石、会稽刻石等7种刻石，是秦始皇巡视各地时所刻，目的是宣扬他统一全国的功绩。到秦二世（前230—前207）时，又加刻辞。现仅存泰山刻石和琅邪刻石的残文。

秦始皇出行专用车

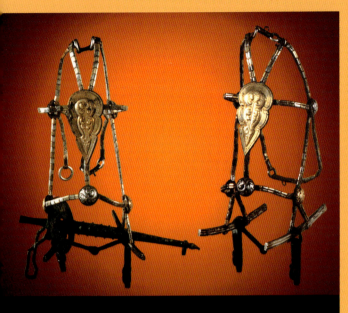

1980年，在秦始皇陵西侧的车马坑，出土了两辆彩绘铜车马，其中一辆是仿照秦始皇的专用车——安车〔也称辒（wēn）辌（liáng）车〕制造的，是秦朝最高等级的乘车。秦始皇在第五次巡视途中，死于沙丘平台，李斯就是把他的尸体放在这种车里秘密运回京城的。

这辆安车由1名驭手操控，4匹马拉动，体积是真车马的二分之一。全车长3.28米，高1.04米，总重量达1800多千克。车和马共由3400多个青铜铸造的零件组成，采用了铸造、焊接、铆钉、镶嵌、錾（zàn）刻、冲凿、研磨等多种工艺。这是秦朝统一后，集中六国工匠精英把青铜手工业推向巅峰的代表作品。

▲ 金马络头

4匹拉车的马，配置齐全。中间的2匹是服马，旁边的2匹是骖（cān）马。这个马络头是左服马、左骖马的马勒。

▲ 青铜眼镜形链条

车上有多处地方使用链条，这些眼镜形链条是当作马衔来使用的。这种链条至今仍然广泛应用在机械设备和人们的日常生活中。

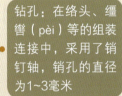

钻孔：在络头、缰辔（pèi）等的组装连接中，采用了销钉轴，销孔的直径为1~3毫米

◀ 车撑

车上有许多常备的修理工具和附件，如青铜车撑，是停车休息时，用来支撑车厢的，让马匹也可以乘机休息。

▶ **安车车门彩绘**

车和马的通体彩绘花纹，以龙凤纹和云气纹为主，有粉白、朱红、绿、蓝、褐、黑6种颜色。每种颜色深浅不同，颜料是用树脂调制的，形成了如同堆漆工艺的立体效果，使安车的色彩更加丰富，尽显豪华高贵的气派。

▼ **铜车马（安车）（现藏于秦始皇帝陵博物院）**

按照古代的观念，圆形车盖象征天，方形车厢象征地，有30根辐条的车轮象征日月的光芒。安车的设计完全符合上述条件，殊不简单。此外，安车的铸造技术也十分高超，经过测定，制造安车的材料属于含锡量较高的青铜。能够一次仿照真车马铸造成型，是秦人掌握先进铸造技术的最佳证据。

长方形的车厢，分为前、后两室，由中间的窗隔开，驭手在前室，主人在后室

前室　　　　　　后室　　　　　　　　　　椭圆形车盖

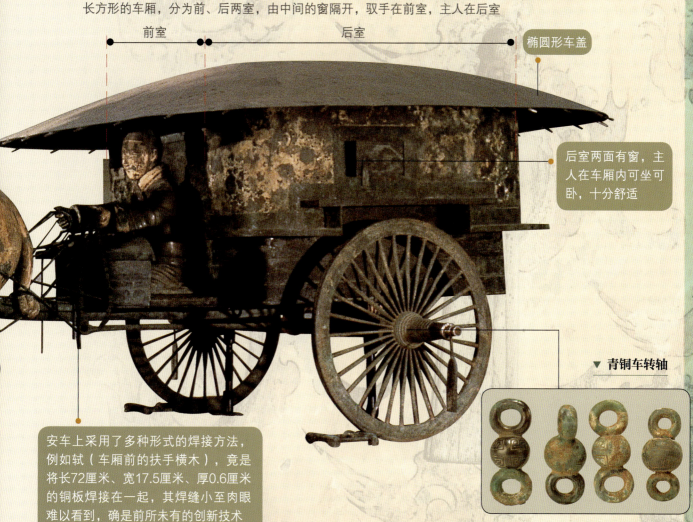

后室两面有窗，主人在车厢内可坐可卧，十分舒适

▼ **青铜车转轴**

安车上采用了多种形式的焊接方法，例如轼（车厢前的扶手横木），竟是将长72厘米、宽17.5厘米、厚0.6厘米的铜板焊接在一起，其焊缝小至肉眼难以看到，确是前所未有的创新技术

集中各国精华的都城

秦朝统一后，定都咸阳。为了体现大一统帝国的气势和皇权至高无上的威严，秦始皇倾尽全国财力，集中六国建筑的精华，大规模营建都城和宫殿。

咸阳帝都的规划具有独创性，它完全摒弃了周朝以来的都城布局制度的束缚。城市的周围不设具有防御功能的城墙，显示了秦朝国力的强盛和自信。宫殿的设计意图，以人间宫殿比拟天帝居住的天宫，表现了空前的"法天"思想。

不设城墙的帝都

咸阳位于关中腹地，地势开阔，河流密布，田地肥沃，物产富饶，四通八达。自秦孝公十二年（前350）在此建都，至公元前206年秦朝灭亡，历经8代国君144年的经营。

都城初建时，规模不大，宫殿区位于渭河北岸，以后的历代秦王陆续集中在渭河两岸增建宫室楼阙。到秦王政执政时期，宫殿区急剧扩展，由原来的渭河两岸不断向四周伸延。尤其是在秦国统一六国的进程中，每攻占一国，秦王政就派人测绘当地最壮丽的宫殿结构，在咸阳塬上完全照样仿造，统称"六国宫殿"。秦朝统一后，咸阳塬建成的六国宫殿共有145处，充养宫中的各国美女共有1万多人。

都城的总体布局发生了重大的变化，不但没有城墙，而且打破了"前朝后市，左祖右社"的布局。都城以皇宫为主体，占据了大部分地方，其间还有官府建筑。而官府手工业作坊和商贸场所，都设在都城的边隅。这种布局具有划时代的意义，对汉朝及后世的都城规划有很大影响。

皇家典范阿房宫

秦始皇的规划意图，是将都城的政治中心由渭河北部向南部迁移，凭借渭河以南更加广阔的平川，建设以朝宫（用作上朝的宫殿）为中心的大都会，用朝宫取代原来的咸阳宫。阿房宫是朝宫最重要的组成部分，是整体建筑群的前奏。史书记载，阿房宫"东西五百步，南北五十丈，上可以坐万人，下可以建五丈旗"。可以想象，若能建成，这将是一组气势恢宏的庞大宫殿，西至咸阳，东至临潼，周围离宫别馆、亭台楼阁覆盖200多里，隔离天日。宫室之间有复道（有廊的通道）相通，滔滔渭水穿流其间，犹如银河亘空。

秦始皇在公元前212年开始动工建造阿房宫，连同骊山陵墓，驱使的役徒达70余万人，成为秦朝灭亡的导火线之一。北方的石料，楚蜀的木材，都集中运此。当时民间流传着"阿房阿房亡始皇"的民谣。2年后，秦始皇病死，他死后不到4年，秦朝即告灭亡。秦始皇建造朝宫的宏伟规划来不及实施，就被战火湮没了。

▲ 圆形、方形铜建筑构件

今天的阿房宫仅保存一处
建筑夯土台基，高约7米，
东西广约1000余米。

● 这些夯土是阿房宫的地基

十六乳钉神兽纹铜镜

云纹高足玉杯（现藏于西安博物院）

秦川上的建筑 —— 咸阳宫

渭河平原一带，在春秋战国时代属于秦国的疆域，称"八百里秦川"。从秦川到关外，以至东海之滨的广袤大地，都被纳入秦国帝都总体规划的版图，遍布数百处离宫别馆。秦川上的宫殿之间由复道回廊相连，显示了秦人唯大是求的传统意识。

咸阳宫是秦川上的其中一座宫殿，也是秦孝公迁都咸阳后建立的第一座王宫，重要大典和朝会都在此举行。以后历代秦王还不断扩建。咸阳宫位于渭河两岸的咸阳塬上。考古发现，塬上几乎遍布了秦宫殿遗址，瓦砾堆积比比皆是。其中考古发掘的一座大型宫殿遗址，是咸阳宫的主体宫殿。

这组宫殿雄踞于高地之上，充分利用了地貌环境。高地上有一条天然沟谷，在沟谷的东西两面建有高台宫室，利用跨越沟谷的飞阁把宫室的两部分连成一体。保存较好的是西部遗址，长60米，宽45米，由两层楼阁构成主体，有宫妃居住的卧室、浴室和储藏食物的窖室，设计极其精美。在严格对称的原则下，各宫室之间有机相连，高低变幻。宫室四周有廊庑环绕，烘托出主体建筑的气氛。

鎏金龙凤纹

▲ **鎏金龙凤纹银盘**
这件银盘可能曾是秦始皇咸阳宫里的食器。

卷凤纹

立凤纹

▲ **咸阳宫一号宫殿遗址出土的凤鸟纹空心砖**
空心砖是古代建筑用的一种砖，有隔音、防潮、保持室内温度等功能。

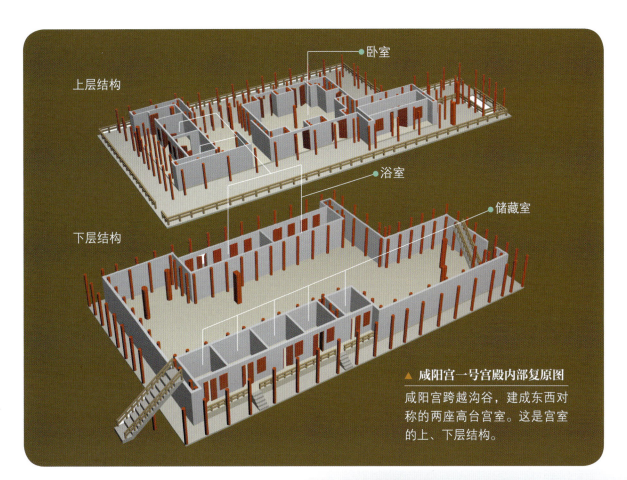

上层结构

卧室

浴室

储藏室

下层结构

▲ 咸阳宫一号宫殿内部复原图

咸阳宫跨越沟谷，建成东西对
称的两座高台宫室。这是宫室
的上、下层结构。

▶ 咸阳宫一号宫殿遗址

这个以土木混合结构建
筑的庞大遗址，只是原
来咸阳宫的一小部分。

第三批全国重点文物保护单位

秦咸阳城一号宫殿遗址

中华人民共和国国务院
一九八八年一月十三日公布
陕西省人民政府
二零一一年五月立

▼ 咸阳宫一号宫殿复原模型

象征帝国与皇权的陵墓

秦始皇对已经拥有的至高无上皇权并不满足，他将死后的统治地位视如生前一样重要。公元前247年即位后，秦始皇就在骊山营建陵墓，直至他去世，前后历时37年。尤其在秦朝统一后，秦始皇以战争年代的军事总动员的方式，用全国大量资财和人力修建宫殿和陵墓，役使刑徒达70余万人。

骊山陵墓从地面到地下的建筑，都遵循"事死如生"的原则，仿照都城皇宫的布局建成。它与咸阳帝都各峙高地，遥相辉映，共同构成了维护秦帝国万世基业的象征。1987年，秦始皇陵及兵马俑坑被列入《世界遗产名录》。

▼ 秦始皇陵全景

陵园、封冢、寝殿、园寺吏舍等，都是秦始皇陵的礼制建筑，但是地面的建筑今天已经荡然无存，仅留封冢，成为骊山陵墓的象征。

陵墓的地面建筑——陵园

秦始皇在都城规划中没有建筑具有防御功能的城墙，但是在陵墓的规划中，围墙却占有重要地位，在占地203万平方米的陵园，四周建有三重夯土围墙。外墙周长6210米，墙高17.5米，厚7米，四角有角楼。中墙周长3870米。内墙周长2050米。3座城墙共辟有10座城门，门宽9~12米，有高大的城楼建筑。城门由重兵把守，每天定时开闭。

陵墓的地面建筑——封冢

春秋战国时代，各诸侯国的国君陵墓开始出现高大的封冢，以显示墓主人的地位。封冢上又种植各种树木，树木的品种和数量也是身份的标志。秦始皇在重新确立国家等级制度的同时，也将陵墓制度化。为了显示皇帝至高至尊的地位，他规划的封冢形似大山，上面种植树木，宛如山林。

身份	树木品种	
皇帝	松树	
诸侯	柏树	
卿大夫	杨树	
士	榆树	

▲ 秦汉陵墓封冢种植树木的等级

封冢

平面布局图标注：
砖房、外城、石材加工场、制砖瓦窑群、内城、便殿建筑群、寝殿、墓地、居贵役人、骊山徒墓地、铜车马坑、地下宫殿、陪葬坑、陶窑、兵马俑坑

图例：
- 园寺吏舍
- 骊山飤官
- 马厩坑
- 陪葬墓区

陵墓的地面建筑——寝殿

寝殿仿照都城的皇宫建制，是秦始皇的"灵魂"日常治理朝政和起居饮食的场所。室内供奉着墓主人生前的衣服、家具和日用品，一切都遵照墓主人生前的习惯布置。每天有官吏和侍者到此侍奉秦始皇的"灵魂"，清扫、洗浴、铺床叠被、送衣送饭等。

寝殿内还专门设立祖庙，供奉秦国的列祖列宗，由人按时祭祀。此后，这套由秦始皇开创的以陵寝、地宫、陪葬墓以及陵邑为基本格局的帝王陵寝制度，伴随着世代皇帝，延绵不断。

▶ 骊山园缶

缶的底部刻有"骊山园，容十二斗三升，重二钧十三斤八两"铭文，说明了埋葬地点、容量和重量，是秦始皇陵园称量食物所用的量器。

▼ 大型夔（kuí）纹瓦当

这件在寝殿遗址出土的瓦当，用来遮挡屋檐下粗大的檩（lǐn）木，直径61厘米，超乎寻常的巨大。由此可见寝殿建筑规模的宏伟。

陵园管理机构

骊山陵园的祭祀活动相当繁复，每日要在寝殿祭祀秦始皇1次，每日要4次供奉食物给秦始皇的"灵魂"享用，每月要祭祀祖宗1次。尤其是秦二世上陵时，祭祀的场面更加隆重豪华，食品丰盛。为了应付以上的需要，骊山陵园有一套完整的管理机构，负责陵园内日常的供奉事务。这些官员、侍从、宫女以及护卫等，所属的办公官衙和居所位于陵园的西北部。其中掌管陵园膳食事务的"骊山飤（sì）官"是最重要的部门，其遗址也保存得较完整。

▼ 骊山飤官建筑复原图

神秘莫测的地下宫殿

秦始皇生前亲自督建的骊山陵墓，是他灵魂的归宿。深藏于地下的宫殿，是整个陵墓建筑群的核心，更是一个冥冥世界的庞大帝国。建筑构思气势磅礴，亘古未有，完全跨越了秦朝帝都坐峙江河山川的规划蓝图，将日月星辰、宇宙穹苍也容纳在地宫中。地下埋藏珍奇异宝之丰富，开了后世帝王厚葬风气的先河。至于墓室内的装饰，更是运用了秦人力求写实的艺术手法，极尽模拟之能事，甚至将秦人的宇宙观与天体运行思想、数学运算和机械构造知识，都巧妙地运用到墓室中。

地宫

地宫是秦始皇精心设计的仿宫殿式建筑。对于地宫规模的宏伟壮丽，历代史籍都有许多引人入胜的记载。近年来，考古学家使用各种现代科学测试方法，已经对地宫的轮廓有了大致了解。地宫在陵园的范围内，更准确的位置应该是在封冢之下，距离地表40~50米，由墓室、侧室、墓道组成，与司马迁《史记》的记载很接近。遗憾的是，由于没有考古发现作为直接证据，有关地宫的许多问题至今仍然是难解之谜。

象征江河的水银

史书记载，秦始皇陵墓中放进了大量水银，用以象征江河。水银，即汞，是一种金属元素。经近年的科学探测，发现在骊山陵园的强汞范围达12 000平方米。更令人难以置信的是，如果按汞的厚度是10厘米计算，陵墓内就储藏有100吨汞。

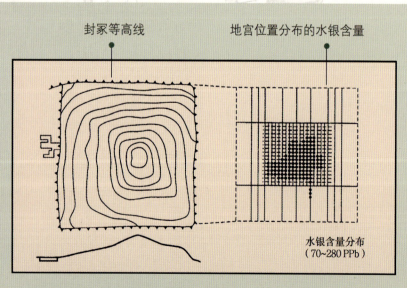

封冢等高线　　　地宫位置分布的水银含量

水银含量分布
（70~280 PPb）

▲ 从陵墓封冢上勘测水银分布情况

① 墓室是地宫的主体，是放置秦始皇棺木灵柩的地方，形状是口大底小的倒金字塔形，有6层阶梯，面积达19 200平方米，约相当于46个标准的篮球场。

② 墓室按照天圆地方的构想设计。顶部呈半球形，仿照上天穹苍，绘制一幅天文星象图。在银河周围布满星辰，以夜明珠作日月。

③ 底部是方形，象征大地。地面布置秦朝疆域的地理模型，包括五岳九州和40余郡。秦始皇的灵柩坐拥其中。模型是以实地测绘为基础的，在数学和测绘技术发达

秦始皇陵地下宫殿想象图

的秦朝，为秦始皇陵墓制造的全国地理模型，应该相当精确。用水银象征的百川、江河、大海，由机械装置推动，表现江河循环往复，生生不息。

④ 在雍城秦景公大墓已经出现的最高葬制——黄肠题凑，秦始皇也应该使用。

⑤ 根据战国高级贵族的墓葬分析，秦始皇应该使用一棺一椁。秦人有尚黑的习俗，外椁以黑为底色加上彩绘，内棺以红为底色加上彩绘，图案以龙凤纹、云纹和几何纹为主。棺椁四周用镏金铜制

的构架加固，既坚实又有装饰效果。

⑥ 金缕玉衣是汉朝盛行的帝王葬制中具有严格等级标志的重要内容，其实在战国时期已经出现了玉衣的雏形。《汉书》记载秦始皇"被以珠玉，饰以翡翠"。因此，秦始皇也必然是身穿金缕玉衣的，形式与汉朝皇帝相同。

⑦ 秦始皇的随葬品丰富，从六国掠夺而来的奇珍异宝堆满墓室。墓室两侧设有专门放置随

葬品的地方，这里也是墓主人宴乐活动之处。

⑧ 墓室中有长明灯，是用一种鲸鱼油提炼的膏脂作为燃料，每小时消耗7.78克。因燃烧时间较长，故称"长明灯"。

⑨ 为了防止造陵工匠泄露陵墓的秘密，全部工匠被关闭在墓道中，数以万计的殉葬者成为千古冤魂。

为秦始皇殉葬的人们

在秦始皇陵墓周围有大量随葬墓陪伴，殉葬者中有身份高贵的皇室宗亲和朝廷官员，他们是秦始皇死后宫廷发生残酷政变的牺牲品。此外，殉葬的还有宫女、侍从和建陵工匠，证实了秦二世昏庸残暴的历史事实。

伴随着多年来的考古发现，秦始皇陵的众多地下建筑和设施逐渐公之于世。

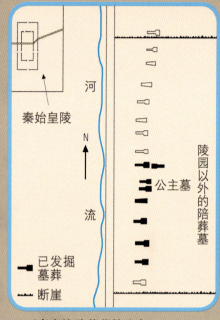

▲ 王室宗族陪葬墓的分布

陪葬墓群

秦始皇陵园及其周围规划有3处主要的陪葬墓区，陪葬者虽具有不同的政治地位，但都同样死于非命。秦朝的陪葬制度与汉唐以来皇帝陵墓盛行的陪葬制度不同，前者是为了政治目的，陪葬者被戮杀而死；后者是陪葬者生前受到皇帝的恩宠，到死后才陪葬于皇陵。

▼ 秦始皇陵陪葬墓区的分布

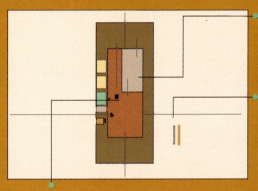

嫔妃宫女陪葬墓区
秦始皇入葬的时候，秦二世下令后宫凡是未生子女的嫔妃宫女全部殉葬。宫女墓群占地16万平方米，有28座墓葬，分3行排列。墓葬以"甲"字形的大型墓室占多数

王室宗族陪葬墓区
位于陵园东350米处的王室宗族陪葬墓区，有17座墓葬。它们排列有序，都是大型"甲"字形墓室，葬具颇为讲究，均有一棺一椁，并发现了一些丝织品的残迹，由此证明墓主人的身份显赫。但是，这些陪葬者的遗骨大多支离破碎，有的身首异处，有的箭镞穿骨，一片狼藉。他们是在身遭不测后，经缜密安排埋葬的。《史记》记载，秦始皇死后，秦二世篡位，诏令杀害公子、公主以及功臣蒙恬父子等数十人，并陪葬在秦始皇陵

未完成的陪葬墓区
墓区占地15 300平方米，分布有61座墓葬，墓室的规格高低不等。这里没有埋葬的痕迹，应是尚未来得及完成的陪葬墓区

从葬坑

秦始皇陵园的周围有众多从葬坑，包括兵马俑坑、铜车马坑、马厩坑和珍禽异兽坑等。

兵马俑坑埋葬着仿照真人、真马的陶俑，是秦朝英勇善战的百万军队的缩影。秦国是保留殉人陋习最顽固的国家，兵马俑是由殉人演变而来的，相较于惨无人道的殉人制度，这无疑是社会的一大进步。秦朝以后，殉人现象基本消失。在西汉至唐朝的历代帝王陵墓中，也随葬有大量兵马俑，与秦兵马俑一脉相承，成为陵墓制度的组成部分，但其规模和气势无法与秦兵马俑相比。

此外，陵园范围内还分布有多个马厩坑，殉葬了许多马匹。坑中随葬有趹（jì）坐俑，是负责管理养马事务的圉（yǔ）师。

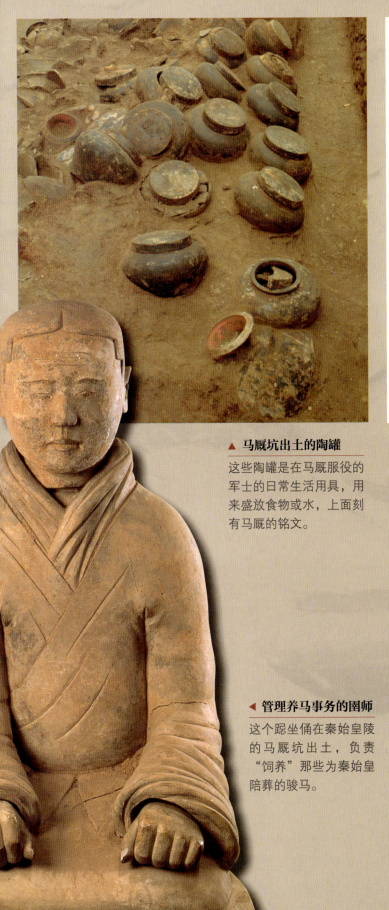

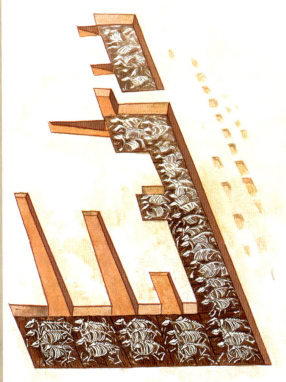

▲ **陵园东南角的马厩坑**

▲ **马厩坑出土的陶罐**

这些陶罐是在马厩服役的军士的日常生活用具，用来盛放食物或水，上面刻有马厩的铭文。

◀ **管理养马事务的圉师**

这个踞坐俑在秦始皇陵的马厩坑出土，负责"饲养"那些为秦始皇陪葬的骏马。

秦始皇陵墓朝向东方

中国历代帝王陵墓多是坐北朝南，以示生前面南而王。但是秦人从先祖到秦始皇的陵墓都是坐西朝东，甚至秦始皇的随葬墓群和由兵马俑组成的军阵场面，也是一致面朝东方。除了秦始皇陵园以外，咸阳都城的宫殿以及关内外的离宫别馆，以至建立在东海之中的国门，都是面朝东方。

有人认为，崇尚东方是秦人的原始宗教信仰，或与秦国不断向东迁都一样，是为了实现后世子孙饮马于黄河的政治信念。也有人认为，这是秦始皇在向世人昭彰秦人雄踞西方，横扫东方六国，统一天下的千秋功业。另有说法是，秦始皇生前追求长生不老的仙方，但终未如愿，因此，他在生前死后都向往东方，以求仙人引导升入天国。

准军事化的帝国

皇帝集权下的军队

军队是秦国称霸的基础。秦始皇即位后，训练出一支战无不胜的精锐部队，终于消灭东方六国。秦国君主对于控制和建设这支强悍军队，是经过一番精心设计的。

秦朝的军事体制与政府的管理机构相对应，皇帝身兼军、政两方面的最高统帅，军队的各级军官都由他亲自任免，军队调动必须出自他的诏令。皇帝以下的各级政府，也都由军、政两方面的官员组成，各级政府管辖相应数量的军队，从而构成一个由君主严密集权的军事体系。

秦军的指挥系统

"国尉"是全国最高的军事长官，他秉承皇帝命令，统率全国军队。实际上，他只有带兵权，没有调兵权。秦军的指挥系统有平时和战时的分别，为避免拥兵自重，通常不设固定的带兵统帅，出征的将军都是由皇帝临时任命。国尉在出征的时候担任大将军，战争结束后，所有将军都被解除兵权，国尉仍回朝廷处理日常军务。

国尉
最高级武官，掌管全国军政

中央 —— 地方

郎中令
负责皇帝近身警卫

卫尉
负责宫廷警卫

廷尉
负责首都治安

郡尉
负责郡一级的军务

县尉
负责县一级的军务

游徼
主管乡一级的治安

▲ 秦朝武官分职

历史小证据

体现皇权的调兵信物

秦朝的军权完全由皇帝掌握，调动50人以上的兵力，都必须经秦始皇批准。调兵的凭证是一个铜铸的伏虎，称"虎符"。虎符从头尾正中分成左右两半，各有相同的两行铭文。皇帝任命统帅时，交付将军左符，自己执右符。调兵的时候，皇帝派人将右符送到战场，与将军的左符合而为一，才证实军令下达，军队可以行动。这就是"符合"一词的由来。战事结束，皇帝立刻收回虎符，将军同时也被解除兵权。这件阳陵虎符刻有"甲兵之符，右才（在）皇帝，左才（在）阳陵"的铭文，是调遣阳陵地区军队的信物。

虎符左面　"符合"后虎符顶部　虎符右面

◀ 阳陵虎符（现藏于中国国家博物馆）

以中央军为主力的作战部队

秦军分为中央军和地方军，中央军由皇帝的警卫部队和首都卫戍部队组成；地方军由郡县部队和边防部队组成。地方军平时分驻郡县，执行警卫勤务和军事训练。中央军主要是从郡县部队中选拔的。当战争爆发，皇帝命令出征，多以首都卫戍部队为主力，征调部分地方军辅助，临时组建作战部队。

边防部队 —— 负责边区防务和修建城防，士兵以擅长骑射的北方人为主，也有因罪谪戍的官吏和平民

郡县部队 —— 士兵从百姓中征募，负责地方治安，军事训练期满后，可以征调到出征的部队

首都卫戍部队 —— 是秦军的主力部队，征调地方的优秀战士组成，负责首都治安和出征作战

皇帝警卫部队 —— 分为两类：一类是皇帝的侍卫亲军，成员全部是军官，负责贴身保护君主；另一类是皇帝亲军，主要由秦人组成，负责驻守皇宫四周

▲ 秦朝军队的构成

皇帝
全国军队总指挥

大将军
统率数万至数十万人

将军/尉裨（pí）
统率数万人

部·校尉
统率1万人

曲·军侯
统率数千人

二五百主
统率1000人

五百主
统率500人

百将
统率100人

屯长
统率50人

伍长
统率5人

▲ 秦军临战指挥系统（部曲制）

适应大规模战争的部曲制

在秦国统一六国的战争期间，经常发生数十万以至数百万军队参战的大规模战争。为了作战时便于指挥，秦军实施部曲制。"部"是最大的独立作战单位，相当于现在的"军"或"师"，通常由若干个"曲"和指挥部组成。这种军事编制相当严密，把多个"部""曲"结集成一支庞大军队，可以集中管理；把"部""曲"分拆为独立战斗团，又方便灵活调动，适应出奇制胜的大规模战争。

尚武精神与全民皆兵

秦国实行全国军事化，全体国民都由严密的军事体制管理。农民平时种地，战时出战，具有随时投入战斗的意识；加以统治者奖励军功，更养成秦人为战争而生，为战争而死，并以此为荣耀的社会风尚。到了战国末年，诸侯争霸进入尾声，秦国的军事力量已远远超越东方六国。秦军在战场上英勇无敌，被誉为一支"安难乐死"的军队。

▼ 秦国兵役种类和役期

次数	役期	工作/性质
一生一次	1年	守卫首都/军务
一生一次	1年	戍守边疆/军务
每年一次	1个月	本郡县的军事工程/劳务

注：以15岁服役，60岁退役计，一生需服役69个月。

全民义务兵役制

战国时期，秦国实行带有军事屯田性质的"爰（yuán）田制"，政府将土地分给农民或奴隶耕种。农民平时种地，战时出战，称"农战之士"。

公元前231年，距离秦统一六国还有10年，秦王政下令全国男子登记年龄，推行全民义务兵役制。秦国规定：15至16岁的男子，都要应征入伍（有爵位的可提前在56岁退役）。

秦政府对士兵的身份有严格规定，罪犯、奴隶以及商人，没有资格担任正式士兵。他们只能充当军中苦役，接受最低等级的待遇，吃饭不发菜肴，作战时冲锋挡箭。

在全民义务兵役制下，秦国几乎每个男子都是军人，每个家庭都是军队的后援，为扫平东方六国提供了充足的兵源。但是，战争旷日持久，兵力耗损，超期服役或征发老少的现象十分普遍，有的甚至不计役期。尤其秦末暴政肆虐，男丁十之六七被征发徭役或戍边，农民被残酷的兵役压迫，饥寒交迫，无以为生。

▼ 秦军部分战争斩敌统计

时间	战争（地点）	斩敌数量/万人
前364年	秦魏石门战役（今山西运城西南）	6
前354年	秦魏元里战役（今陕西澄城南）	0.7
前330年	秦魏雕阴战役（今陕西甘泉南）	4.5
前317年	秦晋（韩、赵、魏三国联军）修鱼战役（今河南原阳西）	8.2
前312年	秦楚丹阳战役（今陕西、河南二省间丹江以北地区）	8
前308年	秦韩宜阳战役（今河南宜阳西）	6
前298年	秦楚析之战（今河南西峡）	5
前294年	秦韩魏（联军）伊阙战役（今河南洛阳龙门）	24
前275年	秦魏韩（联军）大梁战役（今河南开封）	4
前273年	秦魏华阳战役（今河南新郑北）	15
前260年	秦赵长平战役（今山西高平）	40
前236年	秦赵河间战役（今河北与山东之间）	10

注：以上资料根据史书记载秦军一小部分战果统计。

军功赐爵制

　　秦国利用法律和制度来培养与巩固全民的重战精神，秦人只要在战场上杀敌立功，就可以按杀敌数量赐予爵位和田宅，称"军功赐爵"。拼死冲锋的士兵，也可以赐爵一级，战死的，由家人继承爵位。临阵脱逃的士兵，则当众"车裂"，同为一"伍"的军士，也要牵连受罚。

　　然而，"以战获首级者计而受爵"，致使秦军肆虐滥杀，野蛮成性，骇人听闻。在战争中，秦军所到的地方，不仅俘虏死于刀下，老弱妇孺也皆死于非命。每战计功赐爵达万人之多，天下都称秦国是"上首功之国"，也就是以斩敌人首级论功的国家。

赐田/顷	赐宅/亩	爵位级别
20	180	二十级：彻侯（爵位和待遇与三公相同）
19	171	十九级：关内侯
18	162	十八级：大庶长
17	153	十七级：驷车庶长
16	144	十六级：大上造
15	135	十五级：少上造
14	126	十四级：右更
13	117	十三级：中更
12	108	十二级：左更
11	99	十一级：右庶长
10	90	十级：左庶长
9	81	九级：五大夫
8	72	八级：公乘
7	63	七级：公大夫（爵位和待遇相当于县令）
6	54	六级：官大夫
5	45	五级：大夫

爵位级别	赐田/顷	赐宅/亩
四级：不更	4	36
三级：簪袅（niǎo）	3	27
二级：上造	2	18
一级：公士	1	9

　■ 民爵
　■ 官爵

· 民爵指授爵后仍是平民身份，官爵指相当于某一官职的爵位。
· 各级爵位赐田、宅数目，以1顷田、9亩宅的比例递增。
· 斩获敌首一级，赐爵一级，但赐爵者甚少能晋升九级以上。
· 拥有一至四级爵位的人，在军中仍然是"卒"，五级爵位以上才是军官。

▲ 秦国的军功赐爵表

全国备战

　　根据史书记载的战例统计，秦统一后有人口2000万，秦军总数有200万（包括正规军和服劳役两类），军队人数占全国人口的十分之一，比后来伐匈奴、开辟丝绸之路、穷兵黩武的汉武帝所在时代还多1倍。加上间接服务于军队的人数，例如缝制军服和铠甲、铸造武器、饲养军马、运输军需物资等方面的后备力量，就远远超出200万的数字了。可以说，秦的国家财政收入，除提供宫廷及政府开支外，已全部投入军备建设。

地位显赫的军功地主

战国末年，秦军在战场上无往不胜，无坚不摧。"军功赐爵制"在秦统一六国的战争中发挥了决定性作用。被激励的秦军，其威猛善战的气势已经压倒了所有敌人，列国对强秦畏如虎狼。秦军的勇猛，不仅源于秦人的尚武精神，更直接的动力来自统治者奉行的奖励军功政策。连年战争，既培养出勇猛的军队，也造就了大批以军功起家、有较高社会地位的新兴军功地主阶层。

▼ 《秦律》规定的军功者特权

范畴	特权
减免役务	爵位较高者可以不服徭役、兵役； 有爵位者可以用钱财或奴隶获取减免徭役的特权； 有爵位者服兵役，可在56岁退役（无爵位者60岁退役）
赎免罪名	赐爵一级以上者，如犯罪可以获得减免或赎罪； "大夫"（五级）以上爵位者，可以不编入"伍"，"伍"中的四邻犯罪，不负连坐之罪； 有爵位者可以殴打甚至杀死奴隶，奴隶告官，官府反而会严厉处罚他们
生前与死后待遇	军功达到"公大夫"（七级爵位）者，不愿当官，也可以享受县级长官的待遇； 有爵位者死后，可以由奴隶陪葬，有的多至数十人

军功地主的社会地位

"有功者显荣，无功者虽富无所芬华"，依靠杀敌立功而致富的军功地主，是社会上地位较高的阶层，他们的地位甚至比没有军功的皇家宗室还高一等。宗室在晋升官位、占有田地、使用奴隶，甚至衣着服饰方面，要受到严格限制，不得逾越。而军功地主不仅享有爵位、田宅、官职，还能得到减免徭役和赋税等特权。他们拥有私家奴隶的现象十分普遍，奴隶买卖可以合法进行。他们的利益受到国家法律的严格保护。

精致典雅的日常饮食用具是军功地主奢华生活的反映。

◀ 青铜铭文鼎

▶ 双耳方口青铜壶

40

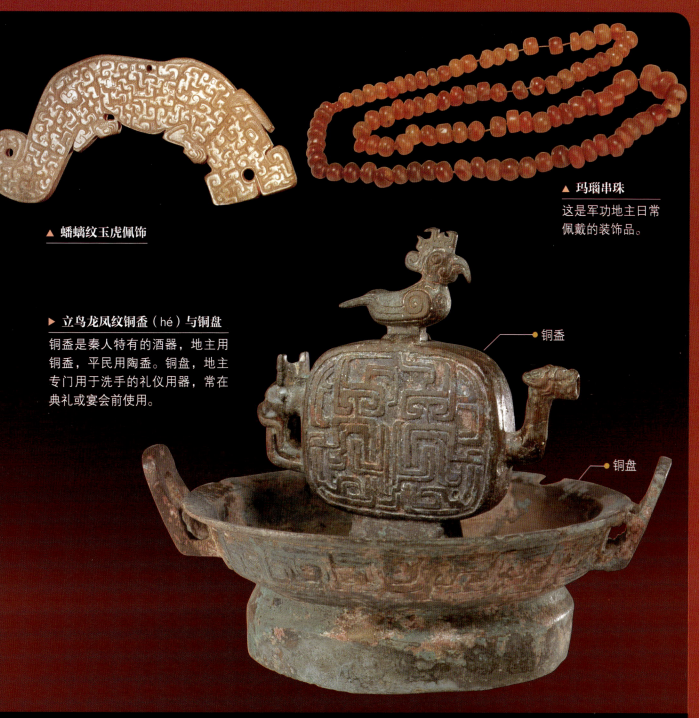

▲ 蟠螭纹玉虎佩饰

▲ 玛瑙串珠

这是军功地主日常佩戴的装饰品。

▶ 立鸟龙凤纹铜盉（hé）与铜盘

铜盉是秦人特有的酒器，地主用铜盉，平民用陶盉。铜盘，地主专门用于洗手的礼仪用器，常在典礼或宴会前使用。

铜盉

铜盘

残暴的军功者摧毁了帝国大厦

曾为秦的统一建功立业的军功者，却又是秦帝国短命的重要因素。这个通过战争建立起来的帝国，上下各级官员多是杀敌立功、受爵任官的军功地主，他们完全控制了帝国的政权。这些在残酷的战争环境和军法治理下成长的官员，治国极为残暴。最典型的是范阳县令，在其管辖区内"杀人之父，孤人之子，断人之足，黥人之首，不可胜数"。最后，由军功者建立的帝国大厦，一瞬间又因军功者的残暴而被摧毁了。

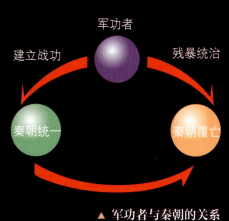

军功者

建立战功   残暴统治

秦朝统一   秦朝覆亡

▲ 军功者与秦朝的关系

秦军的车兵与骑兵

春秋至秦朝期间，战事不断升级，战争规模由几万人发展到上百万人，产生了军团式作战，战场地域更趋广阔，战争形式也发生变化，车兵衰落，步兵和骑兵崛起。

战国时期，秦国为了大规模军团作战的需要，及时调整兵种，200万秦军由陆军和水军两部分组成，以陆军为主力，分车兵、骑兵、步兵等。秦国是最早成立骑兵部队的国家，积极建设骑兵为独立兵种，车兵逐渐退居次要。秦国的骑兵在诸国中人数最多，素质最高，战斗力最强，成为秦国兼并天下的主力。

▲ 秦军兵种比例

水军约25%

骑兵约16.6%

车兵、步兵约58.4%

车兵

车兵是军队中地位最高的兵种，每辆战车配备3人。秦军对"车士"（战车乘员）的选拔非常严格，年龄须在40岁以下，身高1.73米以上，臂力可拉开8石（约240千克）重的弓弩，跑速能追奔马。他们的待遇比一般士兵高，尤其是驭手，都是三级爵位以上。

▼ 战车格斗示意图

横过的战车

长矛攻击范围

乘长，负责持弓远射

参乘，负责持矛搏击

驭手，负责驾车

握持长兵器

▲ 车兵的编制

乘员	爵位
驭手（又称"车驭"）	三级爵位
参乘（站在战车右面，又称"车右"）	四级爵位
乘长（站在战车左面，又称"车左"）	五级爵位

春秋时期盛行车战，战车的多寡是衡量国力的尺度和争霸的资本，例如一度成为霸主的齐国，就有"千乘之国"的美誉。到战国时期，大批未受过驭车训练的农民入伍，战场范围又不断向山林扩展，不利于车战，于是军队的主要成分逐渐转变。尤其在战国末年秦国统一六国的战争中，驷马战车已经退居为辅助兵种，与步兵、骑兵、弩兵等共同组成混合编队。

当时有一种专门由将帅乘坐的指挥车，仍然处于军团作战的中心地位，将帅在车上运筹帷幄，指挥千军万马。不过，汉朝以后，战车已变为运输车，将帅也都骑马指挥战争，不再乘车，车兵从此被完全淘汰。

▶ 参乘

参乘负责直接对敌，配上连护肩的铠甲，既有防御作用，又能保持灵活。

42

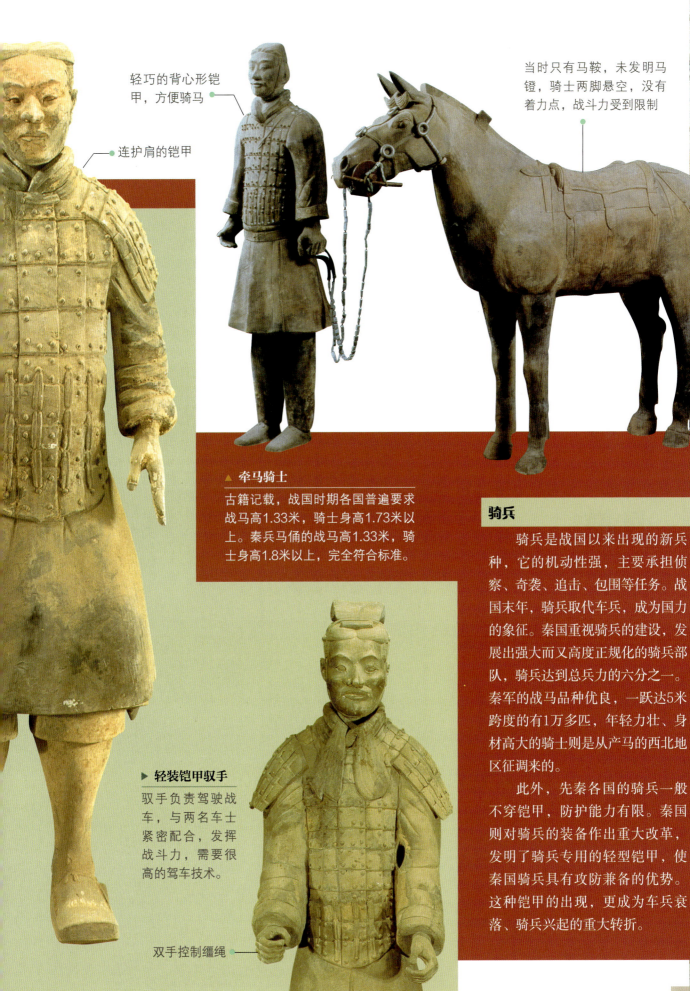

轻巧的背心形铠甲，方便骑马

连护肩的铠甲

当时只有马鞍，未发明马镫，骑士两脚悬空，没有着力点，战斗力受到限制

▲ 牵马骑士

古籍记载，战国时期各国普遍要求战马高1.33米，骑士身高1.73米以上。秦兵马俑的战马高1.33米，骑士身高1.8米以上，完全符合标准。

▶ 轻装铠甲驭手

驭手负责驾驶战车，与两名车士紧密配合，发挥战斗力，需要很高的驾车技术。

双手控制缰绳

骑兵

骑兵是战国以来出现的新兵种，它的机动性强，主要承担侦察、奇袭、追击、包围等任务。战国末年，骑兵取代车兵，成为国力的象征。秦国重视骑兵的建设，发展出强大而又高度正规化的骑兵部队，骑兵达到总兵力的六分之一。秦军的战马品种优良，一跃达5米跨度的有1万多匹，年轻力壮、身材高大的骑士则是从产马的西北地区征调来的。

此外，先秦各国的骑兵一般不穿铠甲，防护能力有限。秦国则对骑兵的装备作出重大改革，发明了骑兵专用的轻型铠甲，使秦国骑兵具有攻防兼备的优势。这种铠甲的出现，更成为车兵衰落、骑兵兴起的重大转折。

地位特殊的驭手

古代称驾驭马车的人为"驭手"。在战车的编制中，每乘战车配有2名车士和1名驭手。驭手负责驾驶，控制战车的进攻、追击和撤退，并且适度调整战车的方位，配合车士的攻势，是整个作战单位的灵魂人物。

地位方面，驭手在士兵中待遇很高，都是三级爵位以上。尤其是为指挥战争的将帅驾车的驭手，责任重大，他的驾驶技术直接关系到将军的安危和全军的胜负，一旦将军受伤，更可以代为击鼓，指挥军队的进退。因此，将军指挥车的驭手可高至六级爵位。

驾驭方面，驾驭一般的车和战车的驭手姿势不同，一般车的驭手是坐的姿势，战车的驭手一律是站立姿势，用双臂控制驭马的缰绳。相比坐姿，立姿自然较难掌握平衡，然而，立姿却相对灵活，加上驭手要与手持武器的车士配合作战，所以必须站立在车上。

▲ 战国青铜器上的战车图案

▼ 驾驭马车的方法

驭手驾驭马车，要求技术相当高超，依靠3个步骤的相互配合，控制马匹的前进速度和方向：

1. 缰绳

驭手用双手控制6根缰绳，每手握3根，可以指挥2匹马。

（1）左手用力后拉缰绳，马向左转；

（2）右手用力后拉缰绳，马向右转；

（3）双手同时用力后拉缰绳，马匹停止前进；

（4）双手一松一紧拉动缰绳时，马匹前进，拉动的频率越快，马匹前进的速度越快。

2. 口号

驭手拉动缰绳的同时，还要喊一种专门的口号，命令马匹的行进速度和方向。

3. 马鞭

以上两个步骤如不见效，可以用竹制马鞭抽打马匹，敦促马匹前进。要加速时，就多用马鞭。

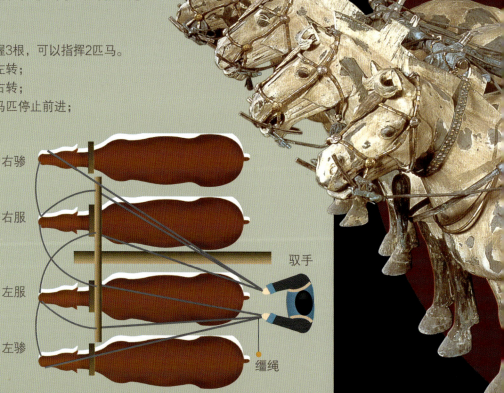

右骖

右服

左服

左骖

驭手

缰绳

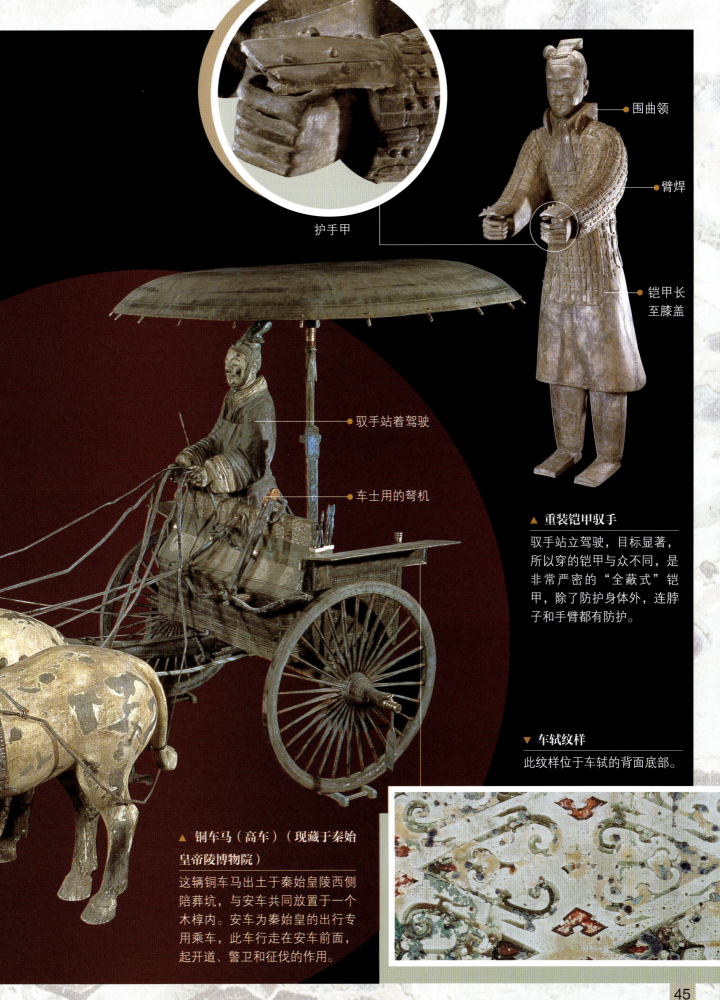

护手甲

围曲领

臂焊

铠甲长
至膝盖

▲ 重装铠甲驭手

驭手站立驾驶，目标显著，
所以穿的铠甲与众不同，是
非常严密的"全蔽式"铠
甲，除了防护身体外，连脖
子和手臂都有防护。

驭手站着驾驶

车士用的弩机

▼ 车轼纹样

此纹样位于车轼的背面底部。

▲ 铜车马（高车）（现藏于秦始
皇帝陵博物院）

这辆铜车马出土于秦始皇陵西侧
陪葬坑，与安车共同放置于一个
木椁内。安车为秦始皇的出行专
用乘车，此车行走在安车前面，
起开道、警卫和征伐的作用。

秦军的步兵与水军

步兵是一支有很长历史的兵种，一直从属于战车，直至讲究战术运用的战国时期，灵活机动、不受地形限制的步兵才逐渐脱颖而出，成为秦国及其他诸侯国军队的主要成分，甚至成为决定战争胜负的重要力量。至于水军，是秦国为了对楚国和巴蜀作战而建立的，它为秦人统一和控制南方奠定了基础。

步兵

步兵是战场上的主要战斗力，也是最灵活的兵种，通常配合车兵和骑兵作战，负责与敌人近距离交锋。步兵的编制是以100人为一个"卒"，5人为一个"伍"。士兵分别配备戈、戟、矛、殳（shū）等长兵器，军官一律配备短剑。

步兵有重装和轻装两种，负责冲锋格斗的步兵或部分指挥官，身穿铠甲，属于重装；一般低级士兵不配铠甲，属于轻装。

短袖铠甲

战袍

▲ **轻装步兵**
只穿战袍、没有配备铠甲的低级武士，同样肩负前线格斗的重任。

▲ **重装步兵**
身穿铠甲的武士，是级别较高的前线格斗者。

▲ **汉朝画像砖上的射箭形象**

弩兵

弩兵，广义上属于步兵的一种，是杀伤力最强的兵种，与战车和一般步兵混合编队。布阵的时候，弩兵排列在军阵的前列和两侧，作为军阵的前锋和侧翼。交战时，弩兵一马当先，万箭齐发，造成远距离的射击网面，以遏制敌军的攻击力，对付目标显著、排列整齐、横向移动困难的战车阵形尤其有效，能够挫伤敌人的锐气，有利于其他兵种上前冲杀。这是军阵式作战常用的手段。此外，射手也属于步兵之列，弓箭是一般士兵必备的武器。

▶ 射手

作预备式的射手，通常被集中编在军阵的前锋和侧翼。

左臂斜垂

右肘屈至胸部

右足后蹬，与踏前半步的左足成"丁"字步站立

▼ 射手射击步骤

1 预备式：搭箭，拇指拉弦，双腿微屈。

2 开弓式：左腿前蹬，发箭。

▼ 弩兵射击步骤

1 可能另外有人专门拉弩上箭，否则须坐地，双腿前蹬，才能将弩拉开。

2 用拇指按箭，防止箭从槽中滑落。

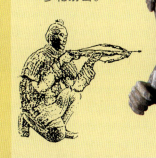

3 向目标瞄准，预备发射，如现代步枪射击。

眼睛注视前方，待令攻击

两手作持弩机状

水军

　　水军，又称"楼船士"。秦国拥有一支所向无敌的水军，通常每艘战船配备50人和3个月的军粮，日行300里，在长江流域巡弋。这支水军曾经在兼并楚国和进攻百越的战争中发挥重要作用。公元前280年，秦军汇合"巴蜀众十万，大舶船万艘"，由四川顺长江而下，从背后袭击并重创楚军。到公元前214年，秦始皇又派遣以水军为主力的50万大军进攻百越，直抵南海。此外，秦军在黄河中游也有一支机动性很强的轻舟部队，攻战时舟排成阵，前有弩兵，后有持矛戟的士兵，亦颇具杀伤力。

▲ 跪射弩兵

跪射弩兵表现的是军阵射击前的一瞬间。

秦军的戎装

　　"戎装"是加强士兵攻防能力的重要配备。秦国士兵根据不同官阶、兵种和任务性质，配置不同的戎装，军官和直接对敌交锋的军士多配有铠甲。铠甲的防护程度，应因官阶的高下或兵种所需的灵活性而有所不同，较低级或担任远距离攻击的士兵，一般只配备战袍。

各兵种戎装的特点

　　步兵适合在复杂迂回的地形作战，又要与敌人近身肉搏，戎装重视灵活性与防御力。

　　车兵的驭手负责驾驶战车，缺乏自卫能力，因而需加重铠甲；车士负责向敌人近距离进攻，需要灵活性与防御力兼备，戎装较驭手轻便。

　　骑兵重视快速冲杀，又要灵活转向，装备最重轻巧。

　　弩兵或射手负责远距离攻击，少与敌人正面交锋，戎装的防护力相对较弱。

▼ 不同兵种戎装的比较

	冠	鹖（hé）冠（切云冠）	长冠或介帻（zé）	长冠或介帻
领		围曲领	围曲领	围曲领
战袍和铠甲		双重战袍外加铠甲	战袍外加重铠甲	战袍外加长铠甲
裤		短而肥的长裤	长裤加裹腿	长裤加膝缚
履		勾履	特制履	履
		将军	驭手	车士

秦军的铠甲

秦军穿着的铠甲，有铜质和皮质两种。将军的铠甲是皮质，骑兵和驭手的铠甲是铜质，两种铠甲都是用皮条将铜片（或皮片）串缀而成，具有重量轻、运动自如的特点。

值得注意的是，将军的铠甲上还彩绘花纹，以黑、白、紫、红、绿等色绘成流云纹等四方连续菱形图案，具有南方楚国的风格。

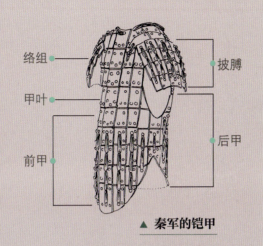

络组

甲叶

前甲

披膊

后甲

▲ 秦军的铠甲

▼ 将军铠甲的彩绘图案

铠甲上的图案，活泼而充满生机，突破了周朝传统的神秘色彩，表现了全新的气象。

弁（biàn）冠

围曲领

战袍外加短铠甲

瘦型长裤

合履

骑兵

免冠束发

围曲领

战袍

长裤加膝缚

履

射手

免冠

围曲领

战袍加束带

长裤或外加裹腿

履或勾履

轻装步兵

勇士的风采

百万秦军将士崇尚勇武，威猛善战，争霸东方，表现了秦人鲜明而强烈的精神风貌。秦国作为等级森严的国家，不仅军戎装备按等级配备，就连军人的军帽和发式也有严格的等级规定。今天我们有幸看到，默默地忠实守卫在秦始皇陵墓地下两千多年的军俑，阵容气势磅礴，以高度概括和细腻写实的艺术手法真实地再现了秦军勇士的风采。

写实的秦军容貌

秦兵马俑军阵是一组庞大的雕塑，约8000个造型规整的军俑，是秦政府集中全国最优秀的工匠在陵邑附近雕塑和烧制的，表现了秦始皇指挥千军万马统一全国的历史场面，花费的人力和物力难以估计。

工匠们根据各阶层军人的真实形象，精细刻画每个军俑，从将士的军帽、衣服、靴履，以至发式、胡须，都千变万化，各不相同，各具特征。尤其注重人格化的描绘，使军俑的表情极富情感，例如，将军威严肃穆，青年军官英俊潇洒，长者老练持重，少者活泼开朗，还有愁苦者、思考者、愤怒者等。这种夸张和细致入微的手法，避免了军俑的呆板和雷同，成为宏伟与精致、概括与写实浑然一体的艺术杰作。

冠帽——官阶的标志

秦人的冠帽源于赵国和楚国，多用皮革制造。在目前发掘出土的秦俑中，只有少数戴有冠帽，他们是有爵位的军官。秦俑发现的冠帽主要有3种形式，90%以上是绛红色。

梳髻后戴鹖冠　　梳髻后戴长冠

▲ 秦军梳髻戴冠样式

秦人有以"六"为吉数的习俗。军士梳理发式，先将头发分成3股或6股，编成各式发辫，再挽成髻。要穿戴冠帽者，在髻上戴冠。

▼ 兵马俑中部分秦军的容貌

| 威武的中年将军 | 肃穆的壮年军官 | 英俊的青年军官 | 带笑的壮年军士 | 持重的壮年军士 | 开朗的青年军士 | 严谨的青年军士 |

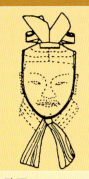 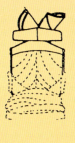 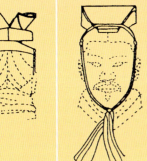 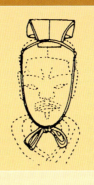  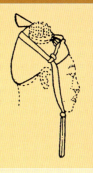

鹖冠

又称切云冠。因为形状像一种黑色雉鸟——鹖的双尾，所以称鹖冠。这种冠帽源自胡人的皮帽，经战国时期赵武灵王（？—前295）的改革，成为鹖冠，此后被秦国仿效。秦军中戴这种冠的属于军阵中地位最高的将军，官阶是统率万人部队的校尉。秦俑中只有极少数戴鹖冠的将军。

长冠

最初是南方楚人常戴的冠，后来成为秦军的军帽。整体上，长冠似一折叠的方巾，高约15厘米，为三或四级爵位的中级军官所戴，包括身份较高的驭手。

弁冠

有圆形帽和帕式两种，是下级军官和骑兵常戴的军帽。

◀ 军官冠帽的种类

保留秦人习俗的发式

秦人特有的粗犷彪悍、争强好斗的性格，在征服六国的战争中得到最大的发挥。然而，六国文化的渗透也对秦人产生了一些影响。秦人从衣着到冠帽，仿效六国的痕迹随处可见。唯有秦国军人的各种发式，仍然顽强地保留了秦人特有的传统。

▼ 将军正面　　　　▼ 将军背面

鹖冠

前甲　　战袍外加铠甲　　后甲

长及膝下的战袍

缨（丝线制成的穗状饰物，是高级军官的标志，相当于现代军人的肩章）

▼ 秦军发式的种类

秦军中没戴冠帽者为数众多，他们都梳有各式发髻，属于地位低下的士卒或一、二级爵位的军士。

圆椎髻式
圆椎髻位于头顶偏后，是地位最低的士卒发式。

圆髻偏左式
圆形髻位于头顶右侧偏左，地位略高于梳圆椎髻式的士卒。

圆髻偏右式
圆形髻位于头顶右侧偏右，是一级爵（公士）的发式。

精良的武器装备

著名诗人屈原的作品里，有"带长剑兮挟秦弓"的词句，说明秦国兵器种类繁多，制作精巧，早已闻名。秦始皇陵兵马俑坑出土的兵器，包罗了当时流行的全部武器种类。值得注意的是，秦军的武器装备由中央和地方两大系统制造，政府建立了一套相应的管理体系，设立了专门保管兵器的仓库，并制定了各项保管武器的规定，由此可见一个准军事化帝国的规模。

▶ **铜箭镞**

秦兵马俑坑出土的箭镞，以定向性和穿透力较强的青铜三棱形箭镞为主。

远射兵器

古代的弓箭，作用相当于现代的枪械，是一种远距离伤人的武器。战国时期，楚国人利用弓箭原理发明了弩机，达到在瞬息间密集发射的效果。秦军又加大弩机的机件，使臂长达到72厘米。作战使用的大型弓最长有1.6米，箭也相应加长，射程可达数百米。这样，射击网面就更加广阔，能更有效地挫伤敌军。

▼ **秦青铜弩机的结构**

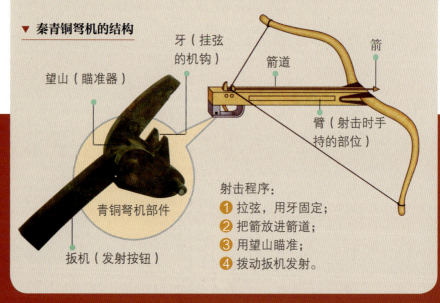

牙（挂弦的机钩）

箭道

箭

望山（瞄准器）

臂（射击时手持的部位）

青铜弩机部件

扳机（发射按钮）

射击程序：
1 拉弦，用牙固定；
2 把箭放进箭道；
3 用望山瞄准；
4 拨动扳机发射。

兵器制造系统

秦朝兵器制造分为中央和地方两大系统，由政府统一组织调配。中央系统由掌管京师的内史统筹管理，下辖各铁官，负责组织少府、寺工等机构制造兵器。这些机构集中在京城一带，由丞相亲自总监督，例如"相邦吕不韦戈"，就是丞相吕不韦督造的。中央生产的兵器质量精良，主要配备给中央直接管辖的军队。地方郡县制造的兵器由郡太守督造，产量庞大，但质地不及中央制造的兵器，主要配备给地方和边防部队。

▼ **中央政府督造的青铜矛头**

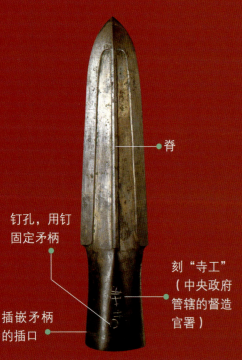

脊

钉孔，用钉固定矛柄

刻"寺工"（中央政府管辖的督造官署）

插嵌矛柄的插口

长兵器

长兵器是近距离交锋时使用的武器。随着车战向步骑战转变，长兵器在战场上越来越能发挥应变自如的独到效能。先秦时代的车兵一直使用戈、戟、矛等长兵器，但因为战车在近距离交锋时，转弯、调动、进攻都不灵活，使长兵器无法尽情发挥威力。相对车兵来说，步骑兵较为机动，长兵器由他们运用更能在近距离作战中发挥机动灵活的威力。所以，秦军在武器装备中尤其注重长兵器，长兵器的种类最齐，数量最多。

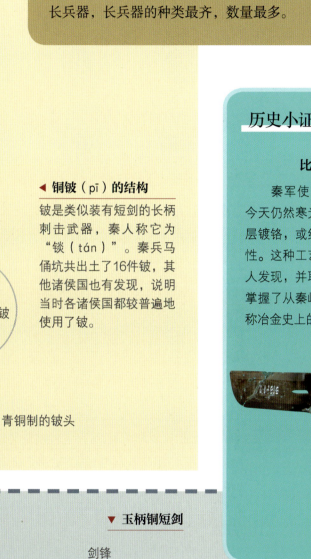

- 铜质的镈（zūn）
- 木质的柄
- 3.8米
- 刻有纪年
- 铜铍
- 用牛皮条绑扎
- 青铜制的铍头

◀ 铜铍（pī）的结构

铍是类似装有短剑的长柄刺击武器，秦人称它为"锬（tán）"。秦兵马俑坑共出土了16件铍，其他诸侯国也有发现，说明当时各诸侯国都较普遍地使用了铍。

历史小证据

比西方早两千年的镀铬技术

秦军使用的青铜兵器，大多刚韧锋利，到今天仍然寒光闪烁，削发即断。这些兵器经过表层镀铬，或经过铬盐氧化处理，有很强的抗腐蚀性。这种工艺直到20世纪才先后被德国人和美国人发现，并取得专利。但早在两千年前，秦人就掌握了从秦岭采铬并镀在青铜武器上的技术，堪称冶金史上的奇迹。

▲ 相邦吕不韦戈

▼ 玉柄铜短剑

- 玉柄
- 剑格
- 剑锋

▼ 扁茎剑

扁茎剑是骑兵专用的兵器，身扁而窄，形状像兰叶。

- 剑首
- 剑脊
- 3.6厘米
- 1米

短兵器

青铜短剑是短兵器中的主角。秦国的铜剑随着骑兵的壮大而由短变长，长80~100厘米，宽3~4厘米。秦国制造短剑的工艺精良，剑身坚硬而有韧性，不易折断。经过测定，坚硬度可以达到9~10度。

战术与军阵

战国末年，兼并战争到了最激烈的关头，各国为求统一天下，对外积极运用军事外交策略，争取盟友，削弱敌国；对内着力改良武器、扩充兵源、提高军队素质，总结战争经验，研究出有系统的战术和军阵，军队的作战方式因而出现转变。

灵活变化的军阵

军队的阵势变化，是重要的制胜之道。军士需适应不同的地势和作战需要，随时变换战斗队形，以达到最强的攻击效果。战国时期的军事家孙膑指出，各种军阵大致都将兵力分为三部分，约以三分之一的兵力与敌交战，以三分之二的兵力等待战机；以三分之一的兵力突破敌阵，以三分之二的兵力收获和扩大成果。可见各种军阵虽然有不同特点，但也有共通之处。

兵法谋略

战国七强争雄，实际是筹谋韬略的较量。当时，《孙子兵法》《孙膑兵法》《尉缭子》《商君书》等适应冷兵器战争的兵家谋略都已经出现。六国采取联合对抗强秦的"合纵"战略，对秦国构成极大威胁。而秦国克敌制胜的法宝，是运用远交近攻、逐个击破的战略，终于以"连横"粉碎六国"合纵"，统一全国。

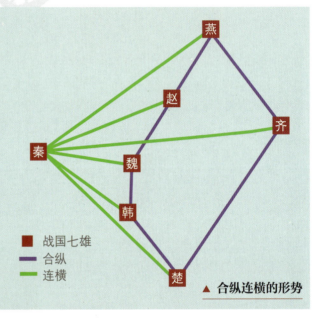

■ 战国七雄
— 合纵
— 连横

▲ 合纵连横的形势

兵种与战术运用

兵器和兵种的配备，取决于作战时的实际环境和战术运用。在秦国进行统一战争的过程中，作战地域由中原逐渐扩展到北方的山林和南方的湖沼地带，秦军于是根据不同战术灵活变换武器，也适应不同地形条件配备兵种，务求发挥最大的战斗力。

▶ 兵种战力与地形关系

地形环境	山林川渎	丘陵与平原
胜方		
负方		
兵法原则	两军相拒于山林川渎，地形复杂，适宜用步兵作战，车兵、骑兵在此"二不当一"	丘陵与平原适宜车兵和骑兵作战，步兵在此"十不当一"
说明	车兵和骑兵以速度取胜，但山林川渎地形复杂或泥泞不堪，使车兵难于掉转方向，骑兵又容易迷路，不能奔驰。相反，步兵可以利用复杂地形迂回进攻，配以弓箭弩机，有利于发挥战斗力	这种地形有利于车兵和骑兵奔驰，步兵的速度远远不及，车兵和骑兵的杀伤力也是步兵难以比拟的，因而在此地形作战对车兵和骑兵有利

▼ 常见的六种军阵

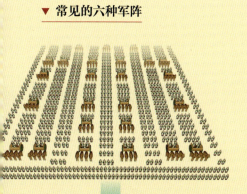

❶ 矩形阵
性质：攻击性军阵
特色：中间兵力少，可以虚张声势；
　　　四周兵力强，容易击破敌人。

❷ 钩形阵
性质：攻击性军阵
特色：正面是矩形阵，两翼向后弯成
　　　钩形，以保障侧翼的安全。

❸ 锥形阵
性质：攻击性军阵
特色：前锋尖锐，可以刺入敌阵、
　　　割裂敌军；两翼和后卫雄
　　　厚，可以包围歼灭敌人。

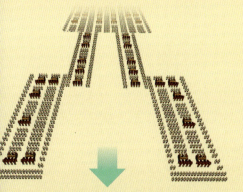

❹ 雁行阵
性质：攻防兼备的军阵
特色：横向层叠铺开，左、右翼
　　　向前列成梯状包围敌人，
　　　后卫再进行后续冲杀。

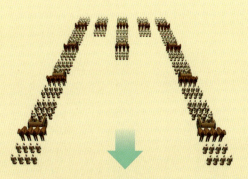

❺ 箕形阵
性质：攻防兼备的军阵
特色：是雁行阵的变形。

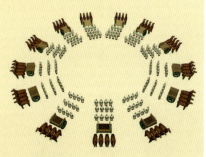

❻ 圆阵
性质：防御性军阵
特色：把军力以环状平均分
　　　布，适合在平坦地形
　　　上进行防御作战。

浅草平地	丛林地带	崎岖山麓
浅草平地适宜使用长戟，长剑和盾牌"三不当一"	丛林地带适宜使用矛䂎，长戟"二不当一"	崎岖山麓适宜使用剑盾，弓弩"三不当一"
长剑和盾牌是步兵的常备武器，长戟则是骑兵、车兵和步兵都配备的武器。在草地作战，有草羁绊，动作不灵活，而长戟可远距离交手，杀伤面更大	矛䂎（tǐng）与长戟的长度相约，是步兵、骑兵和车兵都配备的武器。在丛林地带，两者战力出现差距，可能与矛䂎前后冲刺，长戟则左右冲击的使用方法有关	弓箭和弩机是远距离射程的武器，而且是直线攻击，在山区难以发挥作用。剑和盾则适宜近距离格斗，较适合在山区作战

55

秦始皇的临战军阵

被誉为"世界第八奇迹"的秦始皇陵兵马俑，共有4处俑坑，其中3处已经复原，有约8000尊将士俑和数百匹战马、100多辆战车，它们一律面向东方。

其中1号坑是一个"临战军阵"的真实场面，6000名军士和40多乘战车按进可攻、退可守，随机应变的原则，组成战国时期有效而常用，适用于车兵、步兵与骑兵混合编队的矩形军阵，首次让世人目睹了秦军的雄姿。

整个军阵可以分割成若干单元，每个单元有一位指挥官，并配备战车和步兵。阵中临战待发的将士已经就位，剑拔弩张，战马服驾，这是待令即发前的一瞬间，寂静中预示着一场惊天动地的厮杀即将到来。

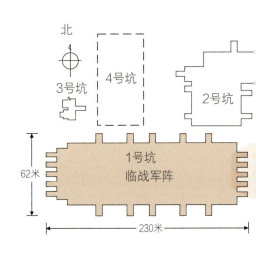

▲ 兵马俑坑平面图

▲ **1号坑的战马**

兵马俑坑的战马，有拉车的"车马"和披鞍的"乘马"两种，这是一匹乘马，也就是骑兵的坐骑。

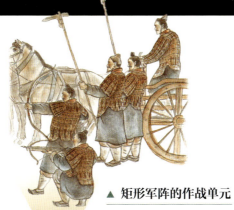

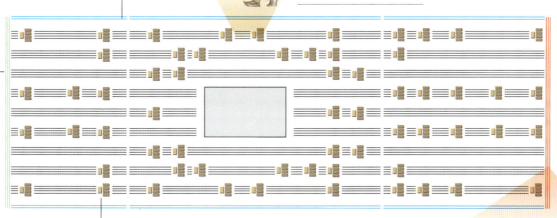

后卫由弩兵和车兵组成，防止敌军阻截和包抄后路

侧翼由弩兵和车兵组成，配合前锋作战

▲ 矩形军阵的作战单元

▼ 矩形军阵平面图

全阵由前锋、侧翼、后卫和本营四部分组成。矩形军阵的阵法，是"强弩在前，锬（xiān）戈在后"。身穿战袍、手执弓箭的轻装弩兵，以2人或4人为一排，组成进攻性前锋，先射乱敌军阵势，然后向两翼撤退，本营兵马进行后续冲击。

本营以步兵簇拥着战车，组成强大的战斗主力。指挥官在特定的战车上指挥战斗。步兵持矛、戟等长兵器，车兵以弓弩为主，远射近攻

◀ 1号坑全景

总面积达14 260平方米，约相当于2个标准的足球场。

▲ 矩形军阵的前锋

前锋由200多个步兵组成，3名战士持长兵器，其余持弓弩。

秦军的营地和指挥部

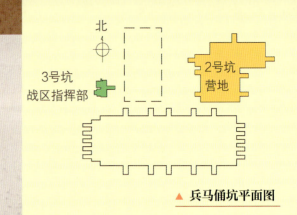

▲ 兵马俑坑平面图

▲ 2号坑兵马俑出土现场

兵马俑的2号坑和3号坑，分别是秦军的营地和作战指挥部。

"营"是军队驻扎的地方。在以车战为主的时代，没有选择营地的概念，需要宿营的时候，往往以战车自环为营，充当临时营地。多兵种时代到来以后，军队结构复杂，同时需要行动快捷，安营扎寨随而成为正规化军队不可忽视的问题。

2号坑是一个象征性的"行营"，也就是行军中的临时驻地，营内驻有弩兵、车兵、骑兵和步兵4个兵种，共有900多个武士俑、400多匹战马，以及89乘战车。行营里的兵力分成4个区布置，方便调动，部队可以随时投入军事行动。

3号坑是一个战区指挥部。战车在前方待命，卫士在后方排成两列，手持仪仗相对而立，等候将军到来。

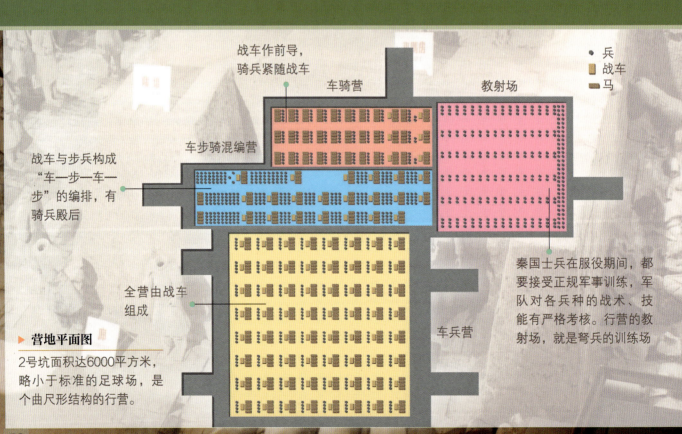

战车作前导，骑兵紧随战车

车骑营

教射场

车步骑混编营

战车与步兵构成"车一步一车一步"的编排，有骑兵殿后

全营由战车组成

兵
战车
马

秦国士兵在服役期间，都要接受正规军事训练，军队对各兵种的战术、技能有严格考核。行营的教射场，就是弩兵的训练场

车兵营

▶ 营地平面图

2号坑面积达6000平方米，略小于标准的足球场，是个曲尺形结构的行营。

58

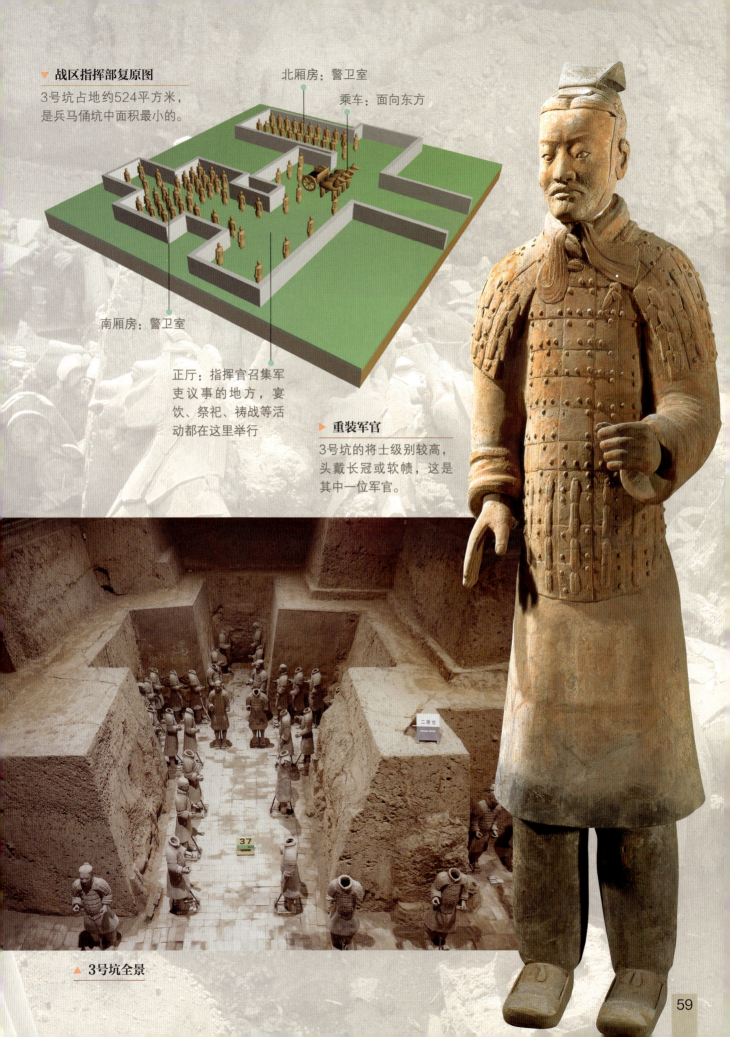

▼ **战区指挥部复原图**
3号坑占地约524平方米，是兵马俑坑中面积最小的。

北厢房：警卫室

乘车：面向东方

南厢房：警卫室

正厅：指挥官召集军吏议事的地方，宴饮、祭祀、祷战等活动都在这里举行

▼ **重装军官**
3号坑的将士级别较高，头戴长冠或软帻，这是其中一位军官。

二层台

37

▲ **3号坑全景**

59

以都城为中心的干线

秦统一六国后，版图扩大了10多倍。为了防范六国反秦势力卷土重来，以及使诏令迅速下达全国，秦始皇下令拆毁各国割据的城郭堡垒，决通壅塞河道，撤销防御关卡，以首都咸阳为中心，大规模兴建向四面八方辐射的陆路和水路交通。这些工程艰巨浩大。秦朝的交通规划甚至比罗马帝国更加先进，全国由驰道和直道组成主干道，《秦律》规定了主干道和车辆的规格，另以密集畅通的小路与主干道配合，构成全国发达的交通网络。

皇帝专用驰道

公元前220年，秦始皇大修驰道。道路宽约70米，路基用铁锤夯筑，正中7米，是皇帝的专用道，两侧是平民行道。秦始皇每次出行，由大小车辆80多部、百官卫士1000多人组成巡幸列队，由驰道通过，道路的宽阔程度可以想见。

快速通往北方的军用直道

为了应对北方匈奴的侵扰，公元前212年，秦始皇命令将军蒙恬（？—前210）和公子扶苏（？—前210）率领30万大军，一边筑长城、守边关，一边开辟直道。这条军事专用路线，从咸阳直抵九原郡（今内蒙古包头），全长1800里，沿途开山填谷，工程异常艰巨。直道不同于驰道之处是路线直、行车快，方便快速调兵，应付突发边防事变。因此，秦始皇猝死巡幸途中，运载尸体的车也从山西境内驰道转取直道，以加快返回京城的速度。

▲ 秦直道遗址

公元前212年，蒙恬率军修建直道，到秦始皇去世时尚未完工。

军事通信的亭驿

秦朝在驰道和直道上建立军事通信和邮驿设施——亭驿。内地每10里一亭，边境每30里一亭。当时以骑马传递信件，若是军情紧急，在亭驿中换马不换人，一天跑马500里。

开通西南的道路

秦朝为了开发西南地区，在咸阳通往巴蜀的崇山峻岭之间，开凿了金牛道；又在巴蜀至云南滇池之间，开凿了仅宽5尺（约1.16米）的栈道。西南地势险要，无法修筑驰道，因此开通这两条特别的道路，它们曾是中原通向西南的唯一陆路通道。

▲ 金牛道

战国时期，秦惠王（前356—前311）企图出兵蜀地，却苦于山道险阨（ài），于是造了5头石牛，诈称牛能粪金，欺骗蜀王开道引牛，秦将张仪、司马错继而率兵循路灭蜀。因此，这条路便称"金牛道"。

▼ **古栈道**

为了战争和商业需要，古人硬是在无路可走的地方用人力开出道路，这条位于四川广元一带的古栈道，就是典型例子。

在峡谷峭壁上凿孔、架木铺板而成的栈道

军事给养的命脉

秦国的200万军队，每天需要庞大的后勤系统源源不断地补充给养。在陆路主要用牛马车驮运，在水路则依靠船载。在秦灭楚的战争中，秦军60万人3天耗粮20万石，仅此一项就要征用1万头牛或5000艘船。由于军需供应的需要，秦在统一前后开凿了郑国渠和灵渠，这两大运河在当时是中国乃至世界上最伟大的水利工程，前者使秦关中地区得到灌溉之利而成为沃野，基本保障了秦国的军粮供应；后者则使秦统一后秦军得以由水路顺利地从中原进入岭南。

郑国渠——关中粮仓

秦国为了解决在大规模战争中军队所需要的粮草，公元前236年在咸阳之北建成郑国渠。渠名是秦王用该渠的设计者郑国的名字命名的。

郑国渠从泾河引水，最终注入洛河，全长约150千米，灌区280万亩。泾河含泥沙量大，郑国渠引出的泥水不仅灌溉了旱田，还将大面积的低洼易涝的沼泽盐碱地变为良田，当时亩产高达1钟（约合125.5千克）。郑国渠使关中地区连年丰收，关中成为秦国的重要产粮基地。在10年统一战争期间，秦国虽然连续6年遭灾，但仍可保障军粮供给。

▼ 郑国渠遗址

汉朝时，在郑国渠之南又开凿了白渠，当时有民谣唱道："田于何所？池阳、谷口。郑国在前，白渠起后。举臿（chā）为云，决渠为雨。泾水一石，其泥数斗。且溉且粪，长我禾黍。衣食京师，亿万之口。"班固《西都赋》也说："郑白之沃，衣食之源。"到了今天，郑国渠还在发挥作用，灌区仍是陕西重要的粮棉基地。

灵渠——南通百越

秦军结束对六国的战争后，开始向百越地区挺进。由于珠江三角洲与长江中游平原之间横卧着南岭山脉，阻断了与中原的交通，因此陆路往来非常困难。从咸阳到岭南有万里之遥，秦军调动十分不容易。公元前219年，秦始皇派遣史禄开凿灵渠，决心打通湘江与漓江。

在崇山峻岭中，只有一条狭窄的丘陵地带比较平缓，湘江与漓江在这里的距离也恰好最近，并且湘江的水位略高于漓江，灵渠就选择在具备这三大优势的地段动工。很难想象，当时的工程勘测技术能达到这样精确的程度。

公元前214年，灵渠全线开通。从此，船队可以从汉水出发，经长江、湘江、漓江直达珠江口。当年，秦始皇派遣大将屠睢率领50万大军经水路南征百越，以破竹之势直抵南海之滨。这支大军是首批开发建设南越的中原移民。

▲ 灵渠

灵渠在两千年间得到历代政府的重视，直到20世纪初，随着铁路的修建，它才完成了水运的历史使命。

陡门

▲ 灵渠陡门

"陡门"相当于现代的船闸，是保障船只能够逆水行驶的设施，可以说是人类运河史上的杰作。

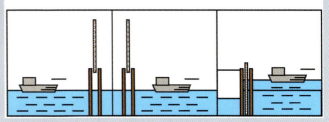

▲ 陡门操作示意图

为了便于逆水行船，灵渠上建有多座梯级船闸，称"陡门"。行船逆水驶入陡门后，下闸截水，抬高船体，使船只平稳进入更高一级水位。

北拒匈奴的长城

秦始皇时修筑的长城，是中国历史上最宏大的军事防御工程，也是中国古代文明的象征。1987年，长城被列入《世界遗产名录》。

秦长城西起甘肃临洮，沿黄河北岸向东，跨阴山，越燕山，起伏蜿蜒，直抵辽东鸭绿江，全长5000多千米，后人称为"万里长城"。如此浩大的军事工程，若没有秦始皇的帝王气魄和雄才大略，没有统一的国家和广袤的疆土，是不可能实现的。

▼ **秦长城遗址**

这段在今内蒙古包头的秦长城，以石筑砌，至今仍然保存完好。

在内蒙古一带的石砌长城并不是很高，但已足够拦阻匈奴骑兵

蒙恬将军筑长城

战国中期以后，北方的匈奴趁中原战乱，经常南下袭掠。与之相邻的秦、赵、燕三国深受其患，三国相继筑长城以拒匈奴。

秦朝初年，匈奴骑兵再次南下并占据河套地区。方士卢生上书说："亡秦者，胡也。"秦始皇立即派遣将军蒙恬发兵30万反击，迫使匈奴向北退却300多千米，一举收复了河套地区。蒙恬镇守边疆10多年，匈奴不敢南犯。

蒙恬戍边期间，率领军士修筑长城，依照地形控制险关要塞，并将原来秦、赵、燕三国的旧城连接起来，形成一条维护帝国安宁与统一的军事防线。

筑城劳役

秦朝对于修筑长城工程有严格的管理制度。《秦律》规定，县尉要经常巡查管辖区内的长城工程质量，如不合格，要受严惩。筑城工匠虽然多由内地的罪犯征调而来，但属于国家专项工程的劳力，任何官员都无权役使。

秦长城排水陶瓦

这块泥质灰陶瓦片呈半圆筒状，是秦长城排水系统的建筑材料。

▲ **战国秦长城**

战国秦长城是在秦昭王时期（前306—前251在位）修筑的。秦始皇统一天下后，便把这道秦长城与赵、燕长城连接，形成中国第一道长城。图中的长城在今甘肃境内，城墙由黄土夯筑，宽4.5~5米，最高处达3.5米。

守城驻军与特殊"三军"

秦长城由城墙、关塞、燧台组成，由驻军镇守。关塞一般建在交通要冲上，在和平时期开放市场，与边塞民族互通贸易；战争时期是出兵、收兵的通道。燧台按15千米或25千米的距离设置，士兵在台上日夜巡逻站岗。一旦发现敌军，立即点烟击鼓，讯息可以很快传到都城。

在5000多千米的长城沿线，除关塞和燧台驻有正规军外，《秦律》还规定，长城沿线的男女老幼都要参加守城。这种民兵组织称为"三军"。战争时期，长城沿线每50步（约70米）设1队，共50人，其中男子10人，手持弓弩；女子和老弱者各20人，手持长矛。他们配合正规军日夜巡逻，防范敌人入侵。由此可见，秦朝全民皆兵的制度是多么完备。

历史小证据

中国最早的军事地图

秦朝重视严谨细致的管理，这方面突出的成就，是绘制用于行政和军事的地图。

甘肃天水放马滩出土的秦国军官墓中，发现7幅在公元前239年绘制的秦国军事地图。这是中国目前发现的最早的地图。地图描绘的是邽县（今甘肃天水）全境，范围达11 880平方千米，包括标明县、乡治所的行政图，地理环境和道路关隘的地理图（下图便属地理图），森林分布和树木品种的资源图。

晋朝地图学家裴秀（224—271）总结制图经验，提出"制图六体说"，即比例尺、方位、距离、地势、倾斜角度以及河流与道路。秦国的木质地图除没有比例尺外，其他诸项齐备。令人惊奇的是，地图中还以统一的标志作图例，这些标志直到今天还在沿用。

关卡

松木板

▲ **木质地图**

统一制度的实行

无处不在的法律

《秦律》具有早期君主专制的色彩。自公元前356年商鞅（约前390—前338）变法，秦国逐步踏上法制社会的阶梯。当时，新法规定"公平无私，罚不讳强大，赏不私亲近"。秦始皇修订法律后，把皇权置于法律之上，皇帝集立法、军政、司法大权于一身，他的命令就是法律。在皇权之下，凡事"皆有法式"，官员依法办事，人民遵法生活，法律无处不在。

秦朝的法律非常严苛，重刑、严密是秦朝法律的基本特征。在一定程度上，它起到了约束人们行为、维护社会治安的作用，但最终也激起人民的反抗，导致秦二世而亡。

木牍上的文字
为古隶书体

▶ **更修田律木牍**
出土于四川广元青川县，是秦武王二年（前309）命田间修建阡陌（田间小路）的诏令。

《秦律》的内容

《秦律》包括刑法、民法、经济法、行政法、诉讼法、军事法等各个门类，内容涉及农业、手工业、商业、徭役、赋税、军爵赏赐、官吏任免、什伍组织等社会生活的各个领域。大到国家官员的任免，小到民事邻里之争，甚至各级官吏和普通百姓的衣服鞋帽，都有明确规定，可以说法律已成为秦人的生活准则。

《秦律》的形式

《秦律》有"律""令""法""法律答问"和"例"五种形式，总计400多条，内容包括各级官员的管理职责和百姓必须遵守的规定。另外，还有刑法60多条。

"律"，是《秦律》的主体，属系统性法律条文，包括"田律"（耕作）、"厩苑律"（养马）、"仓律"（国库）、"关市律"（官私手工业）、"工人程律"（工程）等18种。例如"田律"规定，水灾、旱灾、雨灾、虫灾等伤及农田，地方官要及时报告。又规定春二月不准砍伐山林木材，不准壅塞河道，不准捕猎鱼兽。"行书律"规定，政府颁行文件，凡属急办的，要立即办理；如不急办，也要当日完成，不准滞留。

"令"，是皇帝经常颁布的诏令，是"律"的重要补充。例如秦始皇下达的"焚书令"。

"法"，是"律"以外的单独法律条文。例如"任人法"规定，任用考核不及格的废官，必须受罚。再如"弃灰法"规定，将垃圾倒在路上的人，也要受罚。

"法律答问"，是官吏在执行法律过程中对法律条文的解释，用通俗的问答形式写成，同样具有法律效力。其内容包罗生活万象，例如："何谓四邻？四邻是一伍之内的邻居。""有贼杀伤人，周围人不援助被害人，应受罚吗？百步之内的人都应受罚。"再如："妻子凶悍，丈夫拉破了她的耳朵，处治丈夫吗？处治。"

"例"，是在执法中参照的各种案例，以及断案程序和文件格式。"例"中规定审讯犯人的时候，必须先听完犯人陈述，并记录下来，中间不得追问。犯人讲完了，而记录中尚存疑问时，可以追问。如果犯人到最后还不交代，可用笞（chī）刑。凡是用刑，都要按格式写明原因。

《秦律》的发布

《秦律》由朝廷向各级地方政府发布。各级政府用竹简详细记录下来，并严格执行。

▼ 金柄铁削

这种铁削是贵族用来制作竹简的加工工具。

铁削已经腐朽，金柄依然光彩夺目

一枚竹简可写约30字

◀ 《秦律》竹简

湖北云梦县睡虎地出土的1100多枚竹简，对《秦律》有详细记载，是了解秦朝国家政策的重要资料。

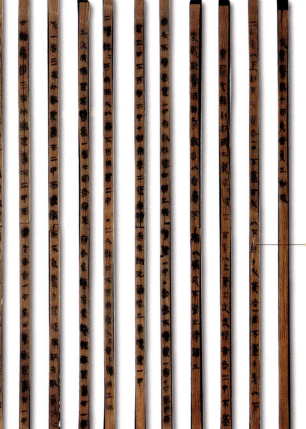

历史小证据

是蒙恬发明毛笔吗？

早在新石器时代，人们就已经发明了毛笔，例如，彩陶器上的图案就是用毛笔绘画的。春秋战国时代，随着书写竹简的普及，毛笔、石砚、墨等书写工具越来越精致而且实用。到了秦朝，毛笔更出现了划时代的改进。

秦朝名将蒙恬在征战期间改造了毛笔，他以木管为笔杆，利用鹿毛和羊毛造笔毫，称为"苍毫"。在此以前，笔毛是捆扎在笔杆四周的，蒙恬把笔毛束扎，插入笔杆，从此出现了今天使用的毛笔。

将笔毫捆扎在笔杆四周，这是蒙恬改造之前的做法

▲ 蒙恬以前的毛笔

◀ 秦国书写工具一组

这套战国时期的书写工具，包括毛笔、石砚和墨，还有书写的材料木牍。秦人书写的内容，主要是法律。

忠实于朝廷的执法小官

　　湖北云梦县发现一座秦墓，墓的主人名"喜"，是秦始皇统治时期的一名县级官吏。他生前专事监察司法，负责掌管文书档案，死后仍然法律政令不离左右。墓室中除了一些必备的日用品外，就是围绕在其身体四周的1100多枚竹简，其中关于《秦律》的就占了600多枚。它们真实而生动地记载了秦朝是如何依靠法律治国的。从一名基层官吏如此重视法律的事实，可以看出秦朝法律的无处不在和巨大威慑力。

▼ 彩绘黑漆兽纹壶
这是一件容酒器，壶上绘有一头肥壮的牛。漆器在秦国中上层使用相当普遍。秦国的漆器与东方六国不同，以实用器皿为主，陈设品较少，充分体现秦人的务实精神。

▲ 鸟鱼纹漆盘

变形凤鸟纹

流云纹

▲ 彩绘黑漆凤云纹奁
这是一个盛载化妆品的器具，上面绘画的凤鸟纹和流云纹，风格爽朗明快，是战国至秦朝流行的图案。此外，湖北云梦县睡虎地原来属于楚国的控制范围，所以这里出土的秦人漆器也有强烈的楚国遗风。

▶ 云纹漆盒

- 凶手杀人时，没有被人发觉，凶手死后，却被人告发，结果政府不予受理。

- 原告控诉贼人盗去110钱，审问结果证实贼人只盗了100钱。原告控告不实，按律应罚1个盾牌，但据以往成例曾罚2领铠甲，结果按成例论处。

- 父亲控告儿子不孝，请求把儿子杀死，政府予以照办。

- 主人控告女奴凶悍，请求政府把她处以酷刑。

分类	内容
《编年记》	记述公元前306—前217年秦统一全国的战争过程，以及喜的生平事迹
《语书》	公元前227年南郡长官整理律令后发给本郡各县的文告
《秦律十八种》	详记《秦律》的内容
《效律》	核验官府物资财产的法律条文
《秦律杂抄》	抄者根据需要摘录的《秦律》条文
《法律答问》	用问答形式解释《秦律》的条文和术语
《封诊式》	对官员审理案件的要求以及案例记录
《为吏之道》	供官员使用的识字课本
《日书》	占卜吉日的书籍

▼ 喜之墓复原图

里耶古城与秦简

里耶古城位于今湖南湘西土家族苗族自治州龙山县里耶镇，是近年考古新发现的一处重要古城遗址。2002年，考古工作者对里耶古城进行大规模抢救性发掘，在遗址区一处井内发现大批秦代简牍。简牍数量远远超过了湖北云梦县睡虎地出土的秦简。

里耶古城临江而建，秦末曾一度毁于战火，西汉时期再次修筑。它曾是楚国西南边陲重要的军事城堡，秦时被沿用作为洞庭郡迁陵县治，是秦朝粮秣兵甲重要的中转站和补给点。延至两汉，一直作为迁陵县治，发挥着军事交通要地和地方行政中心的功能。

古城现存遗址南北长230米，东西残宽110米，残留面积22 000余平方米，有夯土城墙、护城河、水井、道路、房屋建筑、排水设施等，结构布局完整，形成一个完整的古代城市系统。

▲ 里耶秦简

里耶秦简用"古隶"书写，这是篆书向隶书过渡的一种新书体，也称"秦隶"。秦隶最早产生于下层官吏之中，有书写简易、快捷的特点。里耶秦简呈现出来的多样书写风格，正是文字演变过程的重要见证。

注：图片来源于《里耶秦简》壹、《简牍名迹选1：里耶秦简》。

▼ 里耶古城遗址一角

在里耶古城发现秦代简牍共37 400余枚，主要为秦洞庭郡迁陵县的官署档案。出土简牍均为毛笔墨书，材料绝大多数为木质，极少数为竹质，长度在23厘米左右，宽度不一，大多在1.4~5厘米之间。

简牍记载了秦王政至秦二世统治时期的迁陵县政情况，内容涉及社会生活的各个方面，有户籍、土地开垦、物产、赋税、徭役、奴隶、仓储、津渡、邮驿、军备、司法、刑徒、祭祀、日常事务等。这些出土的官署档案，真实地呈现了秦代基层政治、经济各方面的具体状况，最大限度地还原了秦朝的县政情况。

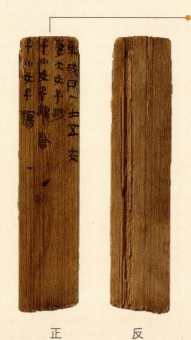

东成户人士五夫
妻大女子沙
子小女子泽若
子小女子伤

正　　反

◀ "户籍"简

"户籍"简类似于今天的"户口簿"，以"户"为基本统计单位，因其一木版记一户的特点，又称"户版"。秦律规定人人必须登记户口，便于社会管理及确保租赋徭役来源。乡是户籍正本的管理机构，副本则保存在县级官署。

注：图片来源于里耶古城（秦简）博物馆。

九九八十一
八九七十二
七九六十三
六九五十四
五九卌五
四九卅六
三九廿七
二九十八

八八六十四
七八五十六
六八卌八
五八卌
四八卅二
三八廿四
二八十六

七七卌九
六七卌二
五七卅五
四七廿八
三七廿一
二七十四

六六卅六
五六卅
四六廿四
三六十八
二六十二

五五廿五
四五廿
三五十五
二五十

四四十六
三四十二
二四而八

三三而九
二三而六

二二而四

一半而一

▲ "乘法口诀"简（复制品）

这是目前发现的我国最早、最完整的乘法口诀表，与如今通用的乘法口诀表有着惊人的相似。乘法口诀是启蒙儿童必须背诵的数字运算基本内容。该简牍的发掘，为世界算术史的研究提供了珍贵的实物资料。

卅四年启陵乡见户当出户赋者志
见户廿八户，当出茧十斤八两

正　　反

◀ "征收户赋"简

秦朝实行的赋税制度主要有田租、田亩税、口赋、算赋、户赋、关市之税、商品税等，其中户赋，就是按户征税。《秦律》规定，男子成年后要到官府登记，与父母兄弟分家，另立户口。如果隐瞒户口，成为"匿户"，要受到严厉惩罚。简牍文字记录了秦始皇三十四年（前213）征收启陵乡28户蚕茧共计10斤8两，说明入缴实物是秦朝户赋征收的方式之一。

注：图片来源于里耶古城（秦简）博物馆。

皇帝诏令全面改革

秦朝统一后，秦始皇为了加强中央对全国的统治，削弱地方割据势力，针对当时战乱后社会上"车途异轨，律令异法，衣冠异制，言语异声，文字异形"的混乱现象，提倡"行同伦"的基础文化，全面推行全国一体化。这一系列改革对于统治一个幅员辽阔的前所未有的大帝国起到决定性作用，从政治、经济、文化等方面巩固了国家的统一局面，为往后各朝政府奠立了稳定的基础。

在这一过程中，秦始皇采取的某些措施带有很大的残暴性。例如，为了控制全国的思想文化，他下令制造了骇人听闻的"焚书坑儒"，这个行动严重摧残了思想文化的发展。

全国推行统一度量衡

战国末年，诸侯各国的度量衡根本无制度可言，以量为例，秦国以十进制的升、斗、斛为单位；齐国以升、斗、区、釜、钟为单位，有四进制和十进制两种。公元前221年，秦始皇颁行统一度量衡的诏令，将商鞅制定并在秦国实行了100多年的制度推广到全国施行，从而加强了中央对地方的财赋管理。

铁一般的诏令

秦始皇为表示统一度量衡的决心，以及加强推广的声势，把诏令铭文刻在官定的标准计量器上，扼要说明统一度量衡的目的和要求。秦二世即位后，又颁布诏书，强调统一度量衡是始皇帝的功绩，并决心将这个法令推行下去。目前全国发现的100多件秦朝计量器，其中不少铸有秦始皇和秦二世诏令的铭文。

秦始皇诏令全文："廿六年，皇帝尽并兼天下诸侯，黔首大安，立号为皇帝，乃诏丞相状、绾，法度量则不壹，歉疑者，皆明壹之。"

▲ 始皇廿六年诏版

这块青铜诏版应置于宫廷重要器具之上。诏令的意思是：秦始皇二十六年（前221）兼并天下，庶民安居乐业，立皇帝称号。乃诏令丞相鬼状（人名）、王绾，制定法令统一度量衡，将混乱状况统一起来。

▼ 秦二世元年诏版

这块诏版在秦始皇陵出土，刻有秦二世元年（前209）的诏令，肯定了秦始皇统一度量衡的功绩。

秦二世诏令全文："元年制诏丞相斯、去疾，法度量，尽始皇帝为之，皆有刻辞焉。今袭号，而刻辞不称始皇帝，其于久远也，如后嗣为之者，不称成功盛德，刻此诏，故刻左，使毋疑。"

度量衡的监察制度

秦始皇为了保证"器械一量"，每年二月检定全国颁发的计量标准器，以保证度量衡的统一和准确。法律还详细规定了计量器在使用过程中允许的误差范围和惩罚条例，假如出现过大的偏差，负责度量衡的官吏"啬夫"便要受罚。

▼《秦律》规定度量衡器的误差与惩罚细则

单位	误差	处罚
1石（约30.75千克）	16两以上（约256克以上）	1领铠甲
1石	8~16两（约128~256克）	1个盾牌
1斗（约2升）	½升以上（约100毫升以上）	1领铠甲
1斗	½升以下（约100毫升以下）	1个盾牌
1两（16克）	½铢（约0.3克）	1个盾牌

注：秦朝推行全国军事化，所以用铠甲、盾牌等军用物资作为度量衡器误差过大的惩罚。

历史小证据

活字排印的诏令

秦朝颁行的度量衡器具，一律刻有40字诏令。当时的衡器流行铜器和陶器两种，少量是铜器，大量流通使用的是陶器。然而，陶器一般无法刻字，于是就用10个刻字的4字阳文木戳，拼成一篇诏令，戳印在陶量上，再经过烧制成形。这可以说是活字排印的开端。

▶ 秦陶量

陶量上刻的诏令，与其他官定标准计量器上的铭文相同。

铭文分20行，共40字，每4字为一组

▲ 秦陶量铭文

度量衡的统一标准

战国时期，度量衡制度相当混乱，各诸侯国甚至一些地方城市都自行制造度量衡器具。因此，计量器五花八门，计算单位更是毫无定制，有三进位、四进位、十进位等，严重阻碍各地的经济交流。

秦朝为了保证国家的赋税收入，由中央和地方的各级政府统一制造度量衡器具，在全国推行统一的度量衡标准。同时，政府又设立监管机构，每年定期严格检定全国各地度量衡，以保证改革的推行。全国统一度量衡后，对各地的经济发展和交流起到很大的促进作用。

量器

秦朝使用的量器有铜质和陶质两种，形状和容量各有不同。秦朝法律规定，服劳役者（如劳动强度大的筑城工匠）每天定量供应粮食，男、女及军队各级将士有不同的定量分配。

▼ 秦量器的形状与容量

对象	形状	容量
铜量器	方形（称"方升"）椭圆形（称"椭量"）	$2\frac{1}{2}$升、1升、$\frac{1}{2}$升、$\frac{1}{3}$斗、$\frac{1}{4}$斗等
陶量器	圆形为主	$\frac{1}{2}$斗、1斗、1斛等

▼ 服劳役者粮食的定量分配

时间	男子	女子	将士粮食每天按定量分为五等
上午	$\frac{1}{2}$斗	$\frac{1}{3}$斗	$\frac{1}{2}$斗、$\frac{1}{3}$斗、$\frac{1}{4}$斗、$\frac{1}{5}$斗、$\frac{1}{6}$斗
下午	$\frac{1}{3}$斗	$\frac{1}{3}$斗	

▼ 秦朝量制与衡制的换算

量制	衡制
1斛 = 10斗	1石 = 4钧
1斗 = 10升	1钧 = 30斤
1升 = 10合	1斤 = 16两
1合 = 2龠	1两 = 4锱
	1锱 = 6铢

注：1斗约合公制2升，1升约合公制200毫升，1石约合公制30.75千克，1斤约合公制0.256千克。

衡器

秦朝流行一种天秤衡杆，与今天使用的衡杆略有不同。提纽在正中，一端挂"权"（砝码），另一端挂称量物品，衡杆呈水平状态时则称"准"。"准则""权衡"等词语均由此而来。目前发现的秦权颇多，有铁质、铜质、陶质3种，形制与后世的秤砣相似，顶部有鼻纽，用来系绳。

刻有铭文："三年，漆工釰，丞诎造，工隶臣牟。禾石。高奴。"说明这是秦昭王三年（前304）铸造，以"禾石"为重量单位，发往高奴（今陕西延安东北）的衡器

◀ 高奴铜石权

石权是一种衡器，重量为秦制120斤，约相当于公制30.75千克。当时，这类大权主要用于称量粮食。小型的"半两权"，则用于称钱。

▼ 天秤的用法

提纽

称量的物品

8斤 —— 权

用小天秤称量较轻的物品时，用手拿着中心的提纽，放上称量的物品，当衡杆呈水平状态，便知道物品与权等重。

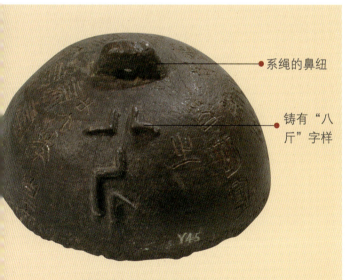

权

称量的物品

用大天秤称量较重的物品时，由两个人担起天秤。

系绳的鼻纽

铸有"八斤"字样

Y45

▲ 始皇廿六年诏八斤权

这个铜权重量为秦制8斤，约相当于公制2.05千克，只有高奴铜石权重量的十五分之一。

历史小证据

百年不变的标准——商鞅变法奠定秦国度量衡制度

秦孝公十八年（前344）铸造的商鞅方升，是改革家商鞅制定的量器，容积为1升（约相当于202毫升）。经科学检测，秦统一后制定的铜量，每升容量约为200毫升。从商鞅监制方升算起，虽然历经百年，两升误差不到1%。秦始皇严格依据商鞅制定的标准，推行度量衡制度，证实了秦朝标准器制造已达相当精确的程度。

铭文："十八年，齐遣卿大夫众来聘，冬十二月乙酉，大良造鞅，爰积十六尊（寸）五分尊（寸）壹为升。"

铸有"重泉"两字，表示方升颁行于都城附近的重泉县（今陕西蒲城）

▲ 商鞅方升

秦朝量器的铭文，多记载监造人、制造人、制造时间、容量及重量等信息。

刻有秦始皇统一度量衡的40字诏令

▲ 秦始皇廿六年诏椭量

这种形状的量器，比商鞅方升更能准确而迅速地盛取粮食，估计是用来发放口粮或其他生活必需品的。

度器

目前尚未发现秦始皇颁行的尺，但以汉承秦制推测，秦尺应与汉尺相近。汉朝1尺是23~23.2厘米，据秦商鞅方升的谷积和铭文核算，秦1尺应为23.1厘米。

统一货币与规范文字

秦朝实施统一货币的措施，由国家专责铸造货币，以保证货币的形状、大小、币值统一。同时，政府又开放关卡，使全国商人贩运货物畅通无阻，大大促进了商品交换。后来汉朝都市百业兴旺的景象，有秦始皇统一货币的间接贡献。

秦始皇扫平六国后，又下令废除六国旧有文字，在全国实行"书同文"，为尽快推行国家法令清除了障碍，有利于中国此后两千多年的统一。

统一货币

战国时期，诸侯各自为政，在本国自铸货币，甚至诸侯国内的各个地区也有权铸造货币。这样，货币不仅形状、大小、币值各不相同，就连计算单位也不统一，造成换算困难，商品无法流通。这是秦朝建立伊始面对的最大经济难题。

秦始皇统一六国的同年（前221），诏令废除六国旧币，颁行新的统一货币。新币以原秦币为基础，分为两等：黄金为上币，以镒（yì）为单位，1镒重20两；铜钱为下币，依其重量称为"半两"。在日常商品交换中，极少使用上币"镒"，主要流通"半两"钱。半两钱价值单一，便于换算，而且钱上有孔，可以用绳串联，方便携带，较诸六国流行的刀币、布币、郢（Yǐng）爰等币形，确实更为进步。自秦朝至清朝，这种方孔圆形铜钱流通了两千多年。

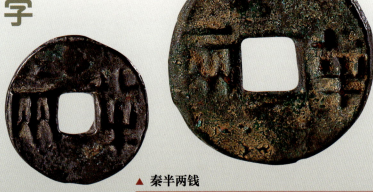

▲ **秦半两钱**

正常价格之下，1石米值100钱（即半两钱），1匹马值1万钱。到了秦末汉初，物价飞涨，1石米值1万钱，1匹马值100万钱，物价暴涨100倍。

这个钱范有6个钱模，可以一次铸出6个半两钱。

钱模上刻有"半两"字样

▲ **秦半两钱铸范（背面）**　　▲ **秦半两钱铸范（正面）**

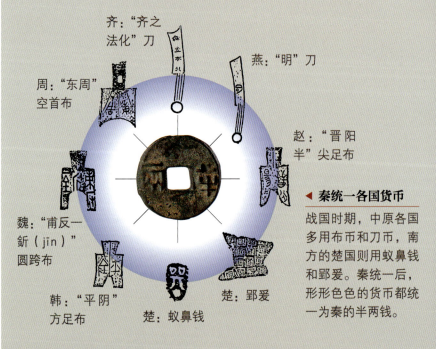

齐："齐之法化"刀

燕："明"刀

周："东周"空首布

赵："晋阳半"尖足布

魏："甫反一釿（jīn）"圆跨布

▶ **秦统一各国货币**

战国时期，中原各国多用布币和刀币，南方的楚国则用蚁鼻钱和郢爰。秦统一后，形形色色的货币都统一为秦的半两钱。

韩："平阴"方足布

楚：蚁鼻钱

楚：郢爰

规范文字

　　商周两朝王室专用的象形文字，经过800年的发展，逐渐成为中国文化的基础和标志。春秋战国时代，列国的文字如同政体一样，按照各自的意志演化，有的刻意求简，有的追求优美，成为王室重器上的装饰。列国文字形体混乱，同一字所采用的声符、形符差异很大，对政令的推行和文化的交流构成严重的障碍。

　　李斯在原秦国文字的基础上，对书写、结构、字形进一步规范化，创立了一种圆角长方形字体，虽整齐美观，但较刻板。这种字体被后世称作"小篆"，原秦国文字则称作"大篆"。当时还流行一种手写字体，据说是犯法的官吏程邈根据民间通行的字体上书秦始皇，得到赏识，以后广泛地在下级官吏的文书中使用，因而称"隶书"。这种字体到汉朝更在全国范围内推行开来。

▶ **秦简中的隶书**

秦官吏"喜"之墓出土的竹简，是下级官吏写的文字记录，采用了当时民间通行的隶书。

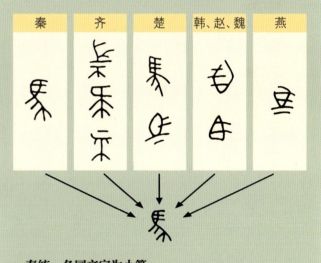

▲ **秦统一各国文字为小篆**

秦统一前，文字异形，以"马"字为例，各国有不同写法。秦统一后，小篆成为国家的法定文字。

▲ **小篆体十二字砖**

这是秦朝都城的宫殿用砖，以小篆铸刻"海内皆臣，岁登成熟，道毋饥人"十二字。意思是秦朝统一天下，普天之下的人都是秦朝的臣民，从此国家强盛，国库充实，人民不忧饥饿。这十二字显示了秦始皇开创强大帝国的声势。

宽度一致的车轨

　　秦始皇诏令统一全国车轨，战车和民用车的车轨宽度都受到严格限制。因为秦朝以"六"为吉数，例如传令的符长6寸，官员戴的冠高6寸，因而车轨也宽6尺，也就是两轮之间的距离限定为6尺。全国驰道、直道的宽度同样是统一的。

汉

公元前 202 年—公元 220 年

- 汉帝国屹立东方，国力强盛
- 汉社会发扬文治，气氛宽和
- 汉文化多元开放，朝气蓬勃

巩固中的统一大帝国

雄伟的首都

同秦朝一样，汉朝首都的规划意念强调雄伟壮丽，向世人显示东方大国的强盛和帝王的威严。但是秦都咸阳的布局过于贪求宏大，将周围数百里的山川河流都囊括其中，既为国家造成沉重负担，也难于管理和防守。汉朝都城的布局则力求突出主体，宫室建筑群较为集中，以高敞的地势和壮观的建筑特色突出表现君临天下的帝王之尊。都城规划更加合理和完善，也反映出大一统帝国在不断巩固和发展中，管理手段日趋成熟。

▲ 玉武士头像
这是在长安城出土的头戴平上帻的武士头像。

东汉都城洛阳

东汉初年，光武帝迁都洛阳。当时国力已不及西汉强盛，都城的面积为9.5平方千米。洛阳城呈长方形，汉制南北长9里，东西宽6里，号称"九六城"。汉朝依照阴阳五行学说，九为阳，六为阴，都城以九、六为尺度，有万物生生之道，是大吉的象征。洛阳城的建筑方位、尺度和命名等，正是东汉人附会阴阳说的具体表现。

都城与西汉长安城一样，以宫城为主体，占据中心位置

▶ **东汉洛阳城平面图**
洛阳城的规模和气势虽然远不能与长安城相比，但布局较长安城规整，宫城更为集中。从战国到西汉一直盛行不衰的高台式宫室，到东汉突然完全消失。

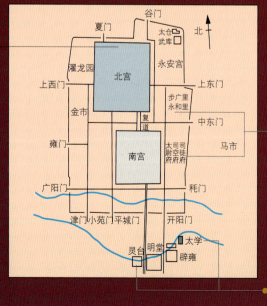

官署、居民区和商业区等，分布在宫城周围

东汉统治者重视文治教化，崇尚儒学，设立了国家天文台（灵台）和太学，当时全国最优秀的文人学子都集中在这里

全国最大的商业中心，东市有3个市场，西市有6个市场，各地商人聚集在这里交易

城墙周长22.5千米、高12米、宽14米，城外还有宽8米的壕沟

号称"千门万户"的宫室，有阁道跨城与未央宫相连，是宫殿、苑囿结合的新型宫室

皇帝处理朝政的地方，约占全城总面积的七分之一。这处宫殿位于全城的最高处

社稷坛，皇帝祭祀土地神和五谷神的地方

西汉长安城平面图

（图中标注）
- 渭 河
- 藕池
- 津
- 支
- 横门
- 沇 水
- 沇水
- 厨城门
- 洛城门
- 居民区
- 宣平门
- 雍门
- 西市
- 东市
- 府邸
- 明光宫
- 桂宫
- 北宫
- 官署
- 清明门
- 王
- 太液池
- 直城门
- 长乐宫
- 霸城门
- 建章宫前殿
- 昆
- 章城门
- 未央宫
- 武库
- 渠
- 揭水陂
- 西安门
- 安门
- 覆盎门
- 昆
- 明
- 故
- 宗庙
- 渠
- 官社官稷
- 明堂辟雍

图例：
- ━ 汉代城墙遗迹
- ┴ 汉渠道（恢复）
- ◯ 汉池陂
- ～ 现代河流

居民区共分为160闾里，每里有里长管理。居民多是手工业者或商人

开凿连通渭河的漕渠，解决宫廷用水和漕运

长安城共有12个城门，每个城门都与城内的大道相通。每个城门有3条门道，各宽6米，可同时通行4辆马车

◀ 宣平门遗址

城内街道经纬相通，路面宽50米，正中是皇帝专用的御道，宽20米

太后居住之处，由4组宫殿组成。秦阿房宫的宝物多迁移至此

祭祀祖先的宗庙，共有12座庙堂，每座庙祭奉一祀，各庙形制相同

▲ 鎏金鸳鸯
这是长安皇宫后宫中的陈设品。

高大的主体建筑位于正中，从任何角度都可以表现庄严宏伟的气象

直径368米的环形水沟

四角的回廊建筑

散水通道与正门相通

方形墙垣，周边长235米，每面辟门

▲ 明堂辟雍复原图
明堂辟雍是祭祀天神之处。汉朝提倡天神崇拜，以此神化皇帝，并建立一套国家宗教法典。这里是都城宗教礼制建筑中最辉煌的一处，建筑平面由若干方形与圆形套合而成，象征天圆地方。

苍茫帝王陵

西汉皇帝大肆营建长安的皇宫苑囿的同时，又耗费大量财富建造陵墓。有11位皇帝都是即位1年后立即修建陵园，所耗资财达全国赋税收入的三分之一。陵园分布在渭河北岸的咸阳塬上，分布尊卑有序，地面和地下建筑宏伟壮观，随葬品极尽奢华。陵园的布局被纳入汉长安城的统一规划中，渭河南岸都城中鳞次栉比的豪华宫殿，与渭河北岸庄严的墓群连成一体，遥相呼应，形成"宫室寝庙，山陵相望"的壮观景象。

▶ 玉辟邪

咸阳塬帝陵区出土的玉辟邪，汉朝人视之为祥瑞。

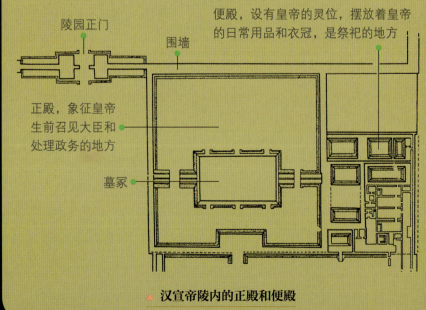

居高临下的帝陵区

西汉皇帝陵墓区分布在长安城北的渭河北岸，那里是一片高起的黄土台地。西汉有11位皇帝严格按照西周礼制规定的昭穆制度，依次排列，埋葬于此。

每座帝陵旁边都有附葬的皇后陵，皇帝与皇后葬于同一墓地，但各有陵园、陵冢和墓穴。皇帝与皇后陵园的建筑布局相同，只是皇后陵的规模略小。此外，每座帝陵四周又有王室宗亲、功臣元勋的陪葬墓，也都以尊卑等级依次排列。至今咸阳塬残留的帝陵及其陪葬墓有数千座，封冢密布方圆200多里。

象征皇宫的陵园

西汉皇帝的陵园由正殿和便殿两部分组成，实际是皇帝生前居住的皇宫的缩影。正殿象征皇帝生前办公的地方，正中是高大的封冢，四周有殿堂。便殿是供奉皇帝的地方，每年在位皇帝来这里大祭3次，平时每月小祭数次，每天还由专职官员举着皇帝的衣冠在陵园四周巡视，象征皇帝生前巡视四方。

▲ "皇后之玺"玉玺（现藏于陕西历史博物馆）

这是西汉高祖长陵（今陕西咸阳东北）出土的吕皇后玉玺。汉朝礼制规定，皇帝、皇后及诸侯王的用印，都称"玺"。

陵园正门

围墙

便殿，设有皇帝的灵位，摆放着皇帝的日常用品和衣冠，是祭祀的地方

正殿，象征皇帝生前召见大臣和处理政务的地方

墓冢

▲ 汉宣帝陵内的正殿和便殿

厚葬风气的兴起

西汉初年，国力不强，从汉高祖至汉文帝都提倡薄葬短丧。但从汉武帝开始，厚葬之风兴起。武帝在位54年，陵墓的兴建竟持续了53年。汉朝规定，帝陵的墓冢高12丈，而武帝的墓冢高达20丈，他更把生前宫中的珍奇宝物尽数随葬墓中。此后的诸位皇帝，都倾尽国库修建陵墓。后来，厚葬风气还蔓延到豪富之家，以致西汉末年，僭越帝王葬制的现象十分严重。

都市卫星城——陵邑

西汉统治者为削弱地方豪强的势力，在每座帝陵附近建立一座陵邑，把各地的世族和豪强迁居于此，将他们控制在长安附近，这样既使中央权力、财力和人力更集中，又可以繁荣京城。

各陵邑中以茂陵人口最多，接近28万人。大批高官显贵迁居陵邑，使这一带成为长安商业繁华之地，各地商贾都到此经商。此外，文人学士也云集陵邑，又使这里成为朝廷选官的集中地。西汉末年，国力衰落，无力再建置陵邑，延续了200年的陵邑制度成为历史云烟。

▲ 彩绘女侍俑

这个在汉高祖长陵陵园出土的陶俑，是宫廷侍女的形象。

▼ 鎏金嵌琉璃鸟形镈

这是在汉文帝霸陵邑（今陕西西安东北）一带出土的兵器附件，通体鎏金，装饰富丽华贵，应是用于礼仪典礼的兵器。

彩色琉璃珠

▶ 兽面纹玉铺首

这是汉武帝茂陵出土的玉铺首，是宫殿大门的装饰。正中的兽面纹，张目卷鼻，牙齿外露，形态凶猛，有避邪镇墓的作用。两侧饰有青龙、白虎、朱雀、玄武四方神，是祈求四方平安的意思。由此说明陵寝建筑装饰的考究和豪华。

白虎　青龙

玄武　朱雀

▼ 龙首纹铁芯玉带钩

这是汉高祖长陵出土的带钩，装饰精美。

汉景帝阳陵

西汉王朝第四代皇帝汉景帝刘启（前188—前141），是一位颇有作为的皇帝，执政17年间，正是国家经济从建国初年凋敝状态复苏，进入全面发展的重要时代。汉景帝继承高祖的遗志，对内推行无为而治、与民休息的治国方针，对外和亲匈奴，以保障国家安定，国力逐步强盛。从此，中国进入历史上第一个高峰期。汉景帝阳陵就是在这一时期建造的。

阳陵占地面积为3.5平方千米，包括皇帝陵园、皇后陵园、从葬坑以及5000多座陪葬墓。无论是布局还是随葬品，都显示了和平年代汉朝国力强盛、经济发展的气象。

▲ 汉景帝陵园布局

图中标注：北从葬区、北阙门、北墓道、西从葬区、西阙门、西墓道、东墓道、东阙门、东从葬区、封冢，皇帝的陵墓就在下面、南墓道、散水石、南阙门、南从葬区、20号、21号从葬坑所在的从葬区

▲ 阳陵南阙门散水石一角

▲ 汉景帝阳陵全景

未发掘的地方　陶俑　　　　　　　木头

4.5米

49.6米

20号从葬坑平面图

西汉陵园的从葬坑制度源自秦始皇陵兵马俑。在阳陵的周围，分布有80多座从葬坑，排列在东、南、西、北四个从葬区内。20号从葬坑就是其中之一。这些从葬坑内随葬有军队仪仗俑群、兵器、车马器、生产工具、生活用具、食品以及家禽家畜俑群等。陶俑和物品的放置，按不同性质严格分类。精心安排的从葬坑，囊括了皇帝生前朝政与后宫生活的各个方面。

◀ **陶鸡**

21号从葬坑的家禽家畜俑都是分类排放的，其中狗和鸡的数量最多。

黑色縰纱
朱红色丝织陌额

◀ **武士俑头部**

武士俑头部的陌额和縰（xǐ）纱，是汉朝军士的装束。

▼ **21号从葬坑**

这个从葬坑多随葬生活用具、家禽家畜俑和后宫膳食。坑内用木板隔成众多区间，按照类别置放不同器具。

诸侯王的兴衰

▶ 龙凤纹银铺首衔环
这是中山靖王刘胜（？—前113）棺椁上的装饰，造型优美，玲珑剔透。

秦末楚汉争战，刘邦（前256或前247—前195）为抗击项羽，赐封诸侯王，为汉朝留下隐患。

西汉初年，非刘氏宗族的异姓诸侯王拥有强大兵力，自恃是开国功臣，雄踞一方，企图颠覆汉朝。刘邦因而大诛异姓诸侯王，同时赐封皇室宗亲为诸侯王，以制衡异姓诸侯的势力。然而，随着同姓封国力量渐强，新的分裂势力又从皇室宗亲中产生出来。直至汉武帝采取严厉手段，削弱同姓诸侯王的势力，分化和缩小封国地域，限制诸侯王参与朝政，威胁中央80多年的诸侯割据才基本结束。

诸侯国的封地

西汉初年，中央政府对地方的统治方式名义上沿袭秦朝的郡县制，实际上推行郡国并行制。刘邦在位时，先后消灭了臧荼、韩信、韩王信、彭越、英布、张敖、卢绾等异姓诸侯王，同时又赐封9位同姓诸侯王，管理燕、代、赵、齐、梁、楚、淮南、淮阳和吴国，以后又陆续增加了中山国等。唯一剩下的异姓诸侯王是长沙王吴芮。这些封国占据了战国末年燕、赵、齐、魏、楚五国的全部疆土，共有39郡。而中央直接管辖的仅有15郡，分布在战国时期的秦、韩两国和楚国的一小部分。诸侯国和郡虽然都直属于中央，但诸侯国的政治地位远远高于郡。

富庶的王国

诸侯国疆域广大，人口众多，并位于经济发达的地区，十分富庶。诸侯王的地位仅次于皇帝，在封国内独揽大权。诸侯国的政治机构与中央相同，除太傅和丞相由皇帝任命外，其他官员都由诸侯王委任。诸侯国拥有强大的军队，由诸侯王随意调遣。此外，他们还自行征收赋税，铸造钱币，实际形成了独立王国。诸侯王更是日益骄横，并有"震主之威"，最终难逃被中央剪除的命运。

烛火的烟通过宫女右臂进入体内，保持空气清新

灯罩可以左右转动，调节灯光的方向

▶ 长信宫灯
长信宫灯原是皇宫中的长信宫陈设的灯具，后来由窦太后转赐给中山靖王刘胜的夫人。这盏灯设计精巧，各部位可以拆卸组装，并随意调节亮度和方向，是一件集艺术与实用于一体的珍品。

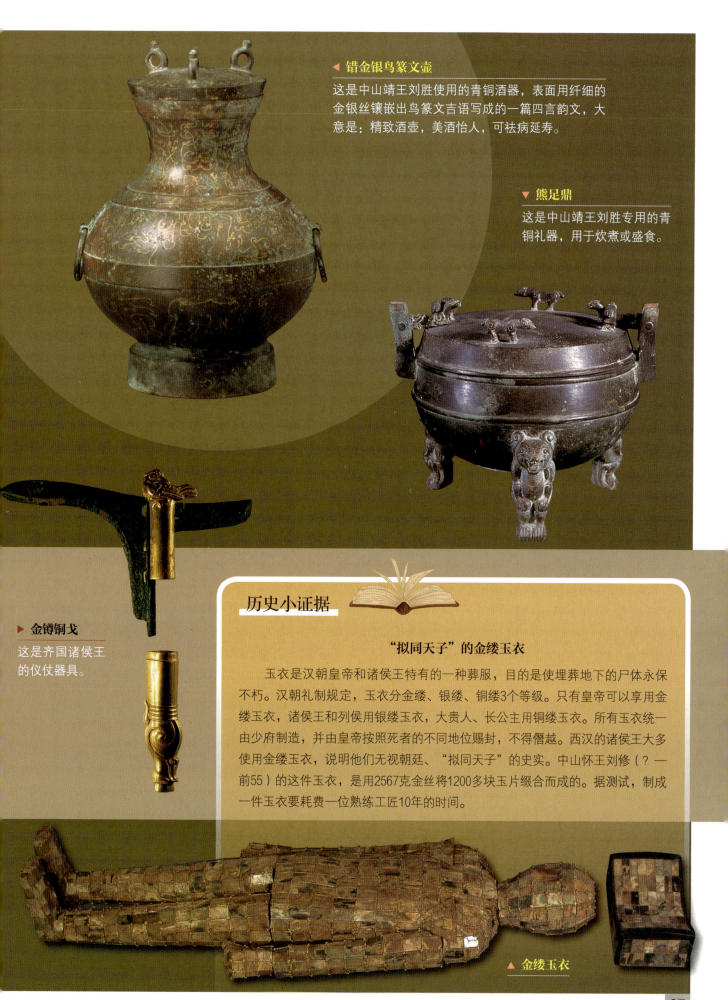

错金银鸟篆文壶

这是中山靖王刘胜使用的青铜酒器，表面用纤细的金银丝镶嵌出鸟篆文吉语写成的一篇四言韵文，大意是：精致酒壶，美酒怡人，可祛病延寿。

熊足鼎

这是中山靖王刘胜专用的青铜礼器，用于炊煮或盛食。

金镈铜戈

这是齐国诸侯王的仪仗器具。

历史小证据

"拟同天子"的金缕玉衣

玉衣是汉朝皇帝和诸侯王特有的一种葬服，目的是使埋葬地下的尸体永保不朽。汉朝礼制规定，玉衣分金缕、银缕、铜缕3个等级。只有皇帝可以享用金缕玉衣，诸侯王和列侯用银缕玉衣，大贵人、长公主用铜缕玉衣。所有玉衣统一由少府制造，并由皇帝按照死者的不同地位赐封，不得僭越。西汉的诸侯王大多使用金缕玉衣，说明他们无视朝廷、"拟同天子"的史实。中山怀王刘修（？—前55）的这件玉衣，是用2567克金丝将1200多块玉片缀合而成的。据测试，制成一件玉衣要耗费一位熟练工匠10年的时间。

金缕玉衣

海昏侯刘贺墓

江西南昌海昏侯墓是西汉第一代海昏侯刘贺（约前93—前59）的墓园，墓主有着跌宕起伏的传奇一生。他是第二代昌邑王，19岁时成为西汉第九位皇帝，在位仅仅27日便被废为庶人，直到11年后被汉宣帝封为海昏侯，短短4年后离世。

海昏侯墓园由两座主墓、七座祔葬墓、一个车马陪葬坑、园墙、门阙、祠堂、厢房等建筑构成，内有完善的道路系统和排水设施，迄今已出土1万余件文物，形象地再现了西汉时期高等级贵族的奢华生活。这是目前中国考古发掘的面积最大、保存最好、内涵最丰富、出土文物最多的汉代列侯墓葬。

海昏侯墓规模宏大，上有高达7米的覆斗形封土，下有"甲"字形墓穴，墓穴内建有面积达400平方米的方形木结构椁室。椁室设计严密、布局清晰，由主椁室、过道、回廊形藏阁和甬道构成。主墓西部有一个车马陪葬坑，陪葬有5辆实用高等级马车、20匹马、3000余件装饰精美的各类车马器。这是中国长江以南地区目前发现的唯一一座真车马陪葬坑。

▲ **龟纽"大刘记印"玉印**

西汉时玺印等级制度完备，对于官印印纽的雕刻有明文规定，私印的规制多从官印。"大刘记印"玉印上方为圆雕龟形印纽，符合列侯级别。印面阴刻"大刘记印"4字，"大刘"表明刘贺的汉室皇族宗亲身份。

注：图片来源于江西省文物考古研究院、厦门大学历史系《江西南昌西汉海昏侯刘贺墓出土玉器》。

▼ **海昏侯遗址公园全景**

▶ **铜当卢**

当卢，马具的一种，是放置于马额中央的装饰品。海昏侯墓车马坑出土了100余件当卢，造型、材质各异，做工精湛，纹样精美，展现了西汉时期的工艺与审美。图中的青铜当卢使用了错金银的装饰技法，不仅使器物显得华贵，而且能保持图案恒久不脱落。其纹饰反映了西汉人的宇宙观及渴望长生不老和升仙的思想。

注：图片来源于江西省文物考古研究院《南昌市西汉海昏侯墓》。

金板和金饼

海昏侯墓的金板和金饼，应该是海昏侯生前的储备黄金。其中几枚金饼上有墨书"南海（藩）海昏侯臣贺元康三年酎金一斤"，说明这些金饼有一部分是刘贺准备的酎金。

马蹄金和麟趾金

马蹄金和麟趾金是汉武帝太始二年（前95），为神化"天马""白麟"和"黄金"3件祥瑞事件而下令铸造的黄金纪念币，用于赏赐诸侯王，不流通于市，比较罕见。

▲ 孔子像漆衣镜

海昏侯墓出土的孔子像漆衣镜，上有孔子（前551—前479）及其5位弟子的画像和传记，是目前已知最早的孔子形象，体现了汉代崇儒的文化风尚，是汉武帝时期"罢黜百家、尊崇儒术"的历史印记。

注：图片来源于江西省文物考古研究院、北京师范大学《江西南昌西汉海昏侯刘贺墓出土漆木器》。

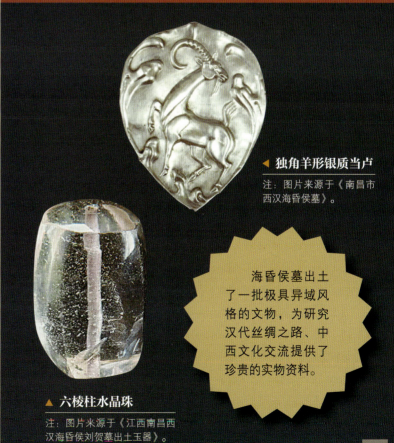

◀ 独角羊形银质当卢

注：图片来源于《南昌市西汉海昏侯墓》。

海昏侯墓出土了一批极具异域风格的文物，为研究汉代丝绸之路、中西文化交流提供了珍贵的实物资料。

▲ 六棱柱水晶珠

注：图片来源于《江西南昌西汉海昏侯刘贺墓出土玉器》。

来自北方草原的匈奴

两汉时代，帝国周边的民族从不同方向往中原发展。汉朝政府为巩固和发展大一统的局面，也积极采取各种有力措施，以加强对不同民族地区的控制。这种中心与外围相互扩展的过程，使各族的关系日趋密切，但同时由于民族利益的冲突，战争也时有发生。各族之间的这种冲突与融合，形成了中华文明最显著的特征——多民族、多样化的统一局面。

在众多民族中，匈奴与秦汉王朝的对抗最为激烈，边境数百年战火不熄。

匈奴的军事化政权

匈奴是强大的北方游牧民族，他们把军制与政制结合，建立了一个军事化政权，整个民族就是一支组织严密的军队。"单（chán）于"是匈奴最高军事统帅，下设左、右贤王。单于本部与左、右贤王部构成了匈奴的主力集团。其下设左、右谷蠡王和左、右大将等，他们既是大小部族首领，又是军队将领。部族首领之下，分别有千长、百长、什长等军官，统率不同数量的骑兵。匈奴最强盛时，军队由24个部族组成，各部族的兵力多者万骑，少者千骑，总计有骑兵30万。这种军事编制使匈奴兵民合一，随时能够举国出战。

来自草原的威胁

匈奴经常向周边和中原发动掠夺性战争，这是其部族的主要经济来源。按军事编制组织起来的各部族骑兵，发挥他们与生俱来的"来如飘风，去若闪电"的游牧习性，抢掠财物和人口。匈奴骑兵在对中原农耕民族的作战中占据了主动地位，常令安居乐业的农耕百姓防不胜防。

匈奴人崇尚战功，以健壮者为尊，老弱者为贱。战争中斩敌首一级的，赐酒一壶，掠夺的人口和财物归劫掠者所有。因此，匈奴族的统治者与一般士兵都拥有一定数量的奴隶。据统计，汉朝时匈奴掠夺汉人达10万人以上，掠夺四邻部族的人口更达数十万之多。

迈进铁器时代

匈奴在夺得大批人口后出现了生产方式转变，在单一的畜牧业经济上，发展了农业和手工业。尤其是铁工具的制造，成为匈奴经济发展的技术基础。公元前3世纪，匈奴已经广泛使用铁农具，冶铁业形成了独立的生产部门，铁匠主要是来自中原的汉人。因此，冶铁技术和生产方式与中原完全相同。

牵引马车的奴隶　　高于车轮的车厢

执鞭驱马的驭手　　　两个对坐车内的贵族

▶ 车马人物饰牌

在这件青铜车马人物饰牌上，透雕了一幅匈奴贵族乘马车出行的画面。值得注意的是，匈奴马车的车厢比中原车厢的位置高，这种设计使马车适宜在路面高低不平的草原和山坡行驶。中原的路面比较平整，所以中原的车厢较低并且设在车轮中轴的位置上，行驶时车厢更平稳。此外，马车前有一个驭手执鞭驱马，又有一个披发结辫、身穿短袍的奴隶在前方牵引马车。整个画面不仅表现了浓厚的草原风情，还反映了匈奴社会贵族、平民与奴隶的等级差别。

▼ 双羊纹金饰牌

讲究腰带装饰，是北方草原民族的共同特征。匈奴贵族佩带的腰带装饰多种多样，以铜质为主，多以草原常见的动物为主题图案，具有浓厚的游牧民族风格。这件金饰牌以羊为主题，双羊对立，显得生动可爱。

大眼、弯角的羊，造型夸张

轮状装饰

▲ 青铜扁壶

壶的正面与中原的青铜壶完全相同，但背面扁平，肩部有4个用来穿绳的纽。整体造型便于携带，是匈奴人使用的饮水或饮酒容器。由此说明，中原汉文化经过匈奴的融合改造，成为适合于游牧民族逐水草而居的文化。

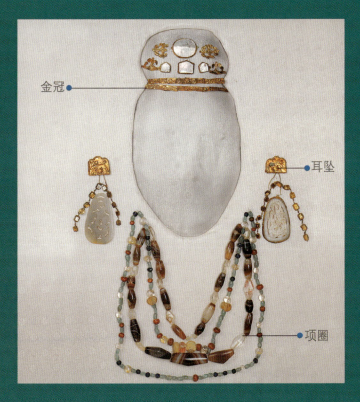

金冠

耳坠

项圈

▲ 匈奴妇女的装饰品

这是一套匈奴妇女佩戴的装饰品。头部装饰是由镶金、珍珠和蚌组成的金冠；耳部有金环玉雕耳坠；颈部装饰是两套项圈，一套是水晶、玛瑙串珠，另一套是水晶、琉璃、琥珀串珠。这种装饰既有浓厚的游牧民族传统特征，又吸收了中原汉文化的风格。例如镂刻龙虎形象的玉雕耳坠，应是汉族的艺术风格；以鹿纹为装饰的金牌，则是匈奴的传统图案。

历史小证据

权力的象征——权杖

匈奴统治者使用的权杖，是权力和威严的象征，也是法律的代表。单于和王侯都可以使用权杖行使权力。这种权杖经过后世的演变，成为北方游牧民族独特的武器，称"骨朵"。

用来安装短木棍的圆孔

▲ 青铜权杖头

这是安装在权杖上的青铜杖头。

征战与和亲

西汉初年，匈奴乘汉朝政权未稳，大举进犯中原。冒顿（Mòdú）单于野心勃勃，自称"统御四方的上天之子"，对汉帝国的西部和北部构成半月形的包围圈，并且逼近国都长安，威胁汉朝腹地。汉帝国与匈奴展开了数百年的博弈，其间汉朝也采取温和的和亲政策。汉武帝时期，汉朝在长期备战的基础上，发起了规模空前的扩展疆域、巩固统一的战争。在征战与和亲的交替作用下，匈奴终于解体，大部分归入汉朝，成为中国多民族大家庭中的一员。

和亲带来的短暂和平

西汉初年，由于战争破坏，经济凋敝，汉朝面临来自内外的危机。汉高祖刘邦认识到，匈奴骑兵的战斗力远非汉朝军队所能及，而汉朝百废待兴，国力也无法支撑对匈奴的远程战争。因此，汉朝最初采取温和的和亲政策，将汉室公主嫁给单于，每年赠送大批丝绸、粮食和酒等物资，并与匈奴结为兄弟。此后80年，和亲只带来了短暂和平，其间匈奴大规模入侵仍达40多次，小股侵扰更是不计其数。公元前166年，单于率领14万骑兵直杀西汉都城，前锋到达雍（今陕西宝鸡凤翔区）和甘泉（今陕西咸阳淳化县），朝野震惊。8年后，匈奴又分两路进军长安，都城再次陷入恐慌之中。因此，从汉文帝（前202—前157）开始，汉朝积极储备兵力，训练骑兵，准备反击匈奴。

汉武帝发动总进攻

汉武帝即位后，汉朝已进入鼎盛时期。中央集权巩固，经济实力空前雄厚，反击匈奴的条件完全成熟。公元前133—前119年，爆发了10多次汉匈战争，汉军远征2000多里，直逼匈奴腹地，歼灭匈奴主力。从此，匈奴大规模入侵汉朝的战争基本停息，汉匈恢复了旧日的和亲关系。

直裾短衣是匈奴官吏的服饰

◀ **当户灯**

这是西汉中山靖王刘胜生前使用的照明用具，是一个匈奴人半跪托灯的形象。灯盘上刻有"御当户锭一，第然于"的铭文，"当户"是匈奴高级军官的职称。汉朝诸侯王以匈奴官吏下跪举灯的形式作为灯具装饰，显示出汉朝统治者打击匈奴后，以胜利者自居的炫耀战功的心态。

▼ **胡汉交战画像石**

画像石是刻在墓室墙壁的图画，通常以生活或大事为主要题材，部分内容可与史书互相印证。汉朝对匈奴进行长期征战，统治者又把对外战争的武功视为荣耀，因而"胡汉交战"成为画像石的题材之一。画中的汉朝官兵正与胡兵格杀，双方短兵相接，战斗激烈。

张弓欲射的胡兵　跪地乞降的胡兵　持刀和盾的汉步兵　轺（yáo）车　持矛的汉骑兵

"单于和亲"瓦当

王昭君嫁到南匈奴后，主要生活在阴山以南地区，她的丈夫呼韩邪单于为汉朝守卫长城。这件瓦当是呼韩邪单于在塞内居住的馆驿的建筑构件，刻有"单于和亲"4字，反映出昭君出塞和亲确实为当时的一件盛事，也象征着匈奴人企盼和平生活的愿望。

刻有"汉匈奴栗借温禺鞮"字样

"汉匈奴栗借温禺鞮（dī）"印

东汉时期，南匈奴归顺汉朝，执政机构单于庭设在西河郡美稷县，今天的鄂尔多斯草原因而成为南匈奴的活动中心。这个印章就是在这一带发现的。"栗借"是南匈奴贵族的姓氏之一，"温禺鞮"为南匈奴贵族的官位。这是汉朝颁给南匈奴贵族的官印。

王昭君与匈奴归汉

汉匈战争使匈奴损失惨重，后来分裂成五部，互相攻杀。其中一部的首领呼韩邪单于（？—前31）投降汉朝，南徙于长城一带，要求与汉朝和亲。公元前33年，汉元帝（前75—前33）把宫人王昭君嫁给他，并改年号为"竟宁"，取其边境安宁的意思。

东汉时期，匈奴分裂成南、北两部。南匈奴对汉称臣，并要求汉朝派使者监护。后来，南匈奴迁居西河郡美稷县（治今内蒙古准格尔旗西北），协助汉朝戍边，汉朝每年向他们供给大量钱财物资。从此，南匈奴与东汉和平相处，边境安宁。而南匈奴也逐步转为定居的农业生活，人口由分裂时的数万人增长到23万人。

王昭君墓

王昭君是汉元帝的宫人。公元前33年，王昭君自愿嫁给南匈奴呼韩邪单于，赐号"宁胡阏氏（yānzhī）"。她把中原先进的生产技术和文化带到匈奴，促进了当地社会经济的发展。据记载，王昭君和匈奴人所生的子女后代以及在中原的兄弟亲属，有3代人为汉朝与匈奴之间建立和睦友好关系作出了贡献。王昭君死后葬于今内蒙古呼和浩特，墓前历代香火不绝。

偏居东南沿海的百越

因为地理环境和生产方式不同，汉朝南北方少数民族的文明程度也相差悬殊。较诸北方游牧民族而言，南方社会的农耕生产方式较为先进，经济发展更快，与中央政府的关系相对稳定。

南方少数民族主要分为东南百越和西南夷两部分。百越分布在今天的浙江南部和广东、广西地区。汉朝的百越与中央政府的关系密切，虽然几度发生地方政权独立的情况，但总的趋势是走向统一，归属中央政权统辖。

支系繁多的百越

汉朝时，"胡人"指北方主要的少数民族，"越人"则在南方分布最广。越人支系繁多，各部杂居共处，互不统属，各有种姓，统称"百越"。当时人常将胡、越并称，有"北走胡，南走越"的说法。

百越所处的东南沿海地区，深受秦汉两朝政府的重视。秦始皇曾命令50万人戍守五岭，与越人杂居，中原汉人因而大批南迁，先进的科学技术和生活习俗也随之传入，大大加速了百越的经济和文化发展。

百越族的凝聚力

百越族虽然支系繁多，但是共同的文化特征将他们凝聚起来。百越人拥有本族的语言——越语，这是与中原地区甚至邻近的楚国旧地完全不同的语言。百越以种植水稻为生，男耕女织的传统生产方式以及随之而来的生活习俗和宗教信仰，都具有本族的独特风格。优越的沿海地理环境，使百越的捕鱼业和造船业都远远领先于其他地区。

▼ **翔鹭纹铜鼓（现藏于广西壮族自治区博物馆）**

铜鼓被汉朝的百越族视为权力象征，也是祭祀典礼中的重要礼仪用器。百越铜鼓的纹饰多以棹舟竞渡为主题，辅以鹭鸟纹饰，这源于百越族重视捕鱼的观念，借此祈求丰收。西汉时期，铜鼓主要流行于百越地区，后来逐渐向西南夷地区传播。到东汉末年，铜鼓在百越已经完全消失，但在西南夷还保留到三国以后。

用篆书刻"布，八斤四两"的铭文

▶ **青铜布钟**

这是与铜鼓配合使用的青铜礼仪用器，上面刻有铭文。布，即布山，是铸器地名，说明是在今广西贵港布山的工场铸造的。百越地区铜矿丰富，大量铜矿被运往中原地区。春秋战国以来，百越的铸铜业不仅产量增加，工艺也十分著名，不少精良的兵器是由百越人制造的。

板瓦

门环

青铜干栏式粮仓

这是用青铜铸造的粮仓模型。仓前正中开两两扇门，屋顶是歇山式，门前有走廊和栏杆，是典型的百越族房屋形式。这种干栏式建筑可以防潮和隔热。时至今日，中国南方地区仍然保存着这种建筑特点。

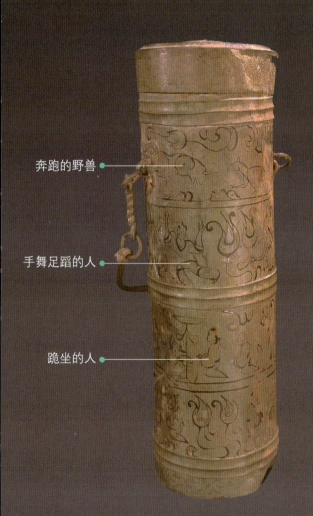

奔跑的野兽

手舞足蹈的人

跪坐的人

▲ 漆绘提梁铜筒

这是百越人的盛酒器皿。器身绘有4幅漆画，内容包括人物、禽兽、花木、山岭和云气等，构成一幅生动的百戏图。

▼ 驭马俑

南方的地理环境不适宜骑兵作战，因此骑兵在南方出现较晚。汉朝时的百越虽然归入汉王朝版图，但仍多次割据反汉，与中央发生武装冲突。随着汉朝骑兵的增多，百越地方政权为了与中央抗衡，也出现了少量骑兵。这是百越骑兵的形象。

百越地区的语言和文字

　　汉朝的百越族虽然以越语作为流通语言，但小篆已经相当普及，部分青铜器上铸有篆书，这是秦始皇统一文字的结果。秦朝初建的时候，朝廷诏令到达百越，许多地方官员竟然无法理解它的内容。到了汉朝，篆书已经在这个地区广泛推行了。

百越地区的商品经济

百越地区的政治、经济和文化，在汉朝时期发生重大变化。经过秦汉政府对南方的经营，西汉初年终于在南方开通了联系中国与西方的海路，海路口岸设在南越国首府番禺（今广州）。从此，中央政府对这一地区更是高度重视，百越与中原的联系更加紧密，越文化与汉文化急速融合。到东汉末年，融合过程基本完成，百越文化的特征逐渐减弱，中原文化占据主流地位。尤其南越国作为南方海外贸易的门户，已最先开发成为南方唯一的经济中心，一批颇具规模的商业城市相继出现。

海外贸易的门户

南越首府番禺地处海湾，拥有天然良港，是南方海外贸易的门户。西汉时期，东南沿海商品经济发达，内地商贾云集于此，经营进出口贸易。当时，王室贵族流行的犀角、象牙、珍珠和香料等高级舶来品，都是经海路由番禺进入中原地区的。番禺依靠进出口贸易迅速繁荣起来，成为南方（包括东南、西南地区）的大都会。而在交通发达的地区，一批颇具规模的商业城市也相继出现，带动了百越地区的经济发展，人口也随之大幅增长。

▲ 云纹玉觥

这件用青玉制成的兽角形酒杯，用高浮雕的手法刻出卷云纹，造型和装饰都极罕见。

▲ 碧琉璃杯

这件昂贵的罗马制造的玻璃器皿，通过海路辗转运到中国，是汉朝与西方早期经济文化交流的见证。

百越的造船业

海外贸易的兴起，给百越地区注入了强大的活力。船舶运输是带动经济发达的原动力，因此，造船业也发展起来，成为百越地区的支柱产业。当时番禺不仅是商业大都会，也是中国最重要的造船基地。船舶制造已经实现规格化，可以成批生产，船体的构造也有了重大改进，造船技术已有相当高的水平。

舵舱　主舱　头舱　碇

舵

▲ 陶船

青蛙

五铢钱纹一周

◀ **五铢钱纹铜鼓**

这面鼓以西汉宣帝至和帝时期流通的五铢钱为纹饰，说明百越地区的商品经济发达，与中原地区存在密切的经济文化联系。

历史小证据

造船技术的突破——舵的发明

汉朝以前，操纵行船的方向主要由专门的船工用人力撑篙或划桨。然而，这种方式只适用于内河航行，在海洋航行根本无法以此控制航向。到了汉朝，番禺地区率先发明船舵，大大提高了操纵船体航向的灵活性，而且为提高航速和增加载重量创造了基本条件。

这件广州汉墓出土的陶制明器，仿照汉朝船只的结构制造，是一件内河船模型。船尾安置有迄今所见最早的舵，由船长在舵舱内专责掌舵。舵体板叶宽大，障水有力，可以灵活控制航向。船首还设有一碇，用以停泊时扣底抓沙，稳固船体。

百越贵族的时尚

两汉时期，中原汉文化逐渐取代越文化，成为百越地区社会文化的主流。阴阳五行学说和道教文化也显示了强大的生命力，受到百越贵族的欢迎。一些中原王室贵族流行的时髦物品，也成为百越贵族追求的时尚。

长有翅膀的羽人，是道教中"羽化仙人"的形象

▶ **羽人铜灯**

这是百越贵族的照明用具，由当地制造，证明中原先进技术进入百越的同时，宗教信仰也渗入进来，并且先在上层社会传播。

称雄一方的南越王国

南越国的割据，源于秦朝开发岭南，秦始皇曾遣50万军队征服岭南地区。公元前214年，岭南置郡。为加强控制，秦朝将大军留戍当地，并从中原移民数万人，与越人一同开发经济。

秦汉之际，秦军将领赵佗（? —前137）乘中原大乱，占据岭南全境。公元前204年，赵佗建立南越国，定都番禺，版图包括百越大部分地区，并公开与汉朝抗衡。南越国共传5世，历时93年。

公元前111年，汉武帝遣军征伐南越，适逢南越国内部发生分裂，40多万越人归附汉朝，不久南越覆没，汉朝在这里设郡治理。

1983年，考古学家在广州象岗发掘南越国二世文帝赵眜（mò）的陵墓，使研究者得以深入揭示这个存在近百年的王国的真相。赵眜庞大而豪华的陵墓地宫和1000多件随葬品，证实了南越国经济实力的强盛，以及赵氏政权僭越皇帝礼制、与汉朝对峙的史实。

▲ 地宫发掘现场

▶ 镂空龙螭纹玉环

南越王墓出土有11组玉佩饰，分别是墓主人及其4位夫人的装饰品。根据身份的尊卑，玉佩的等级也有差别，以属于南越王和右夫人的最为高贵。这些精雕细琢的饰件，都是当地工匠制造的。

▶ 丝缕玉衣

这是南越王穿着的葬服，长1.73米，用红色丝线将2291块玉片编缀而成。汉朝礼制规定，玉衣是皇帝、诸侯王和皇室宗亲的专用葬服，按尊卑分为金缕、银缕、铜缕3个等级。目前全国发现的丝缕玉衣仅此1件。

南越王墓剖面图

南越王墓共有7个墓室，完全仿照墓主人生前的王宫布局，与西汉诸侯王的墓室布局大致相同。

① 前室：过厅。随葬出行的车。
② 东耳室：礼乐宴饮的地方。随葬编钟、编铙、酒器、食器、博具等。
③ 西耳室：库房。随葬品最丰富，有生活用具、车马器、金银玉石、玻璃象牙、丝织衣物、印章封泥、药品等。
④ 主棺室：南越王的寝宫。安放棺椁，随葬品有丝缕玉衣、印玺、玉佩饰、珠宝等。棺椁外还有漆木屏风。
⑤ 东侧室：姬妾寝室，4位夫人殉葬于此。随葬品有玉佩、铜镜、印章、铜器等。
⑥ 西侧室：御膳房。有7位厨役殉葬于此。放置有很多祭品和漆器、陶器。
⑦ 后藏室：储藏食物的库房。堆叠上百件大型炊具和日用品。
⑧ 外藏椁：有殉人遗骨。
⑨ 墓道：有少量殉葬品。

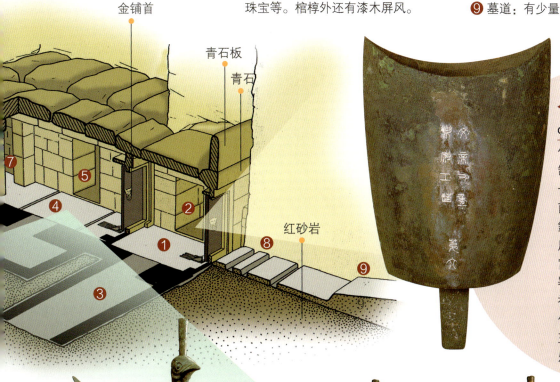

金铺首
青石板
青石
红砂岩

◀ 文帝九年句鑃（gōu diào）

句鑃是百越族流行的礼制乐器，春秋以来，在长江以南地区使用。在南越王墓出土的8件句鑃，刻有"文帝九年乐府工造"字样。乐府是宫廷中掌管音乐的官署，负责皇帝巡行、祭祀大典等的礼乐事宜。句鑃的出土，证明南越王仿效秦汉皇帝设立乐府。

▶ 朱雀屏风铜顶饰

顶饰是屏风横梁上的装饰物。

▼ 蟠龙屏风铜托座

这是屏风两边屏障底部的构件，起支撑、固定的作用。

▲ 双面兽首屏风铜顶饰

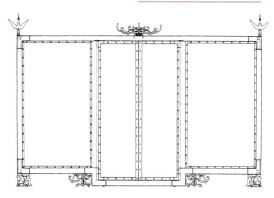

▲ 漆木屏风复原图

漆木屏风放置在棺椁后，是墓主人生前寝宫中的用品，高1.8米，长3米，绘有彩画，顶部和底部用鎏金构件作装饰，更显精美华贵。

滇人：征服者的荣耀

"西南夷"是汉朝对西南地区少数民族的统称。受地理环境阻碍，西南地区少数民族吸收汉文化的进程较慢，有的部落还处于原始社会阶段。汉廷在西南少数民族地区设置郡县，委派行政长官，又封当地君长为王，实行双重管理体制。加上汉文化传入改变了当地风俗，西南地区少数民族与中央政府的关系颇为平稳。

西南夷部族众多，史书上记载的有夜郎（主要在今贵州西部、北部，以及云南东北、四川南部与广西北部部分地区）、滇（今云南东部滇池附近）、邛都（今四川凉山彝族自治州西昌、德昌一带）、巂（Xī，今云南保山地区）、昆明（主要在今云南西部和中部）、徙（今四川雅安一带）、笮（Zuó）都（今四川汉源一带）、冉駹（Rǎnmáng，今四川茂县一带）、白马（今四川西北部及甘肃南部）等。滇族是其中势力较大的一支。滇人虽有对外扰掠的行为，但只掠夺周边的弱小部落，并未威胁中央。汉武帝时期，封滇人君长为"滇王"，从此滇族臣服中原王朝，成为中国多民族大家庭中的一员。

滇人称霸西南

秦汉之际，滇池一带的部落组成联盟，统称"滇"，人口达数万人，有严密的政权组织。这里土质肥沃，物产丰富，农牧渔业和采矿业都很发达。滇人虽然未形成独立的王国，但已有统一的领袖，称"滇王"。西汉初年，滇人不断向周边部落发动兼并战争，占领土地，俘虏奴隶，抢掠牲畜，借此扩张财富和政治势力。所有被征服的部落要向滇王称臣和纳贡，滇王统治的地区一直伸延到怒江、澜沧江流域。

滇人将野蛮而残酷的征服战争视为本族的荣誉，他们利用本族特有的、发达的青铜铸造技术，用写实的艺术手法造出青铜制品，从不同角度展示战争、祭祀、部落纳贡等真实场面，刻画了各个阶层的人物形象，表现了等级森严的社会状况。

◀ **"滇王之印"金印**

这是汉武帝赐给滇王的金印，刻有"滇王之印"4字，滇王死后把它随葬在身边。

▼ **五牛铜枕**

这是滇人贵族用来随葬的枕头。

汉武帝与滇王

汉武帝时期，滇族地区正式被纳入汉朝版图，成为多民族统一国家的一部分。当时，滇人的势力相当强大，在其势力范围内的各部落首领都要向滇王定期朝觐和纳贡。滇王作为部落联盟的最高统治者，自视其权位可与汉天子相比，曾问汉朝使者："汉武帝与我相比，谁的势力最大？"可见其气势之盛。公元前109年，滇王在中央政府的压力下归附汉朝，汉武帝在其地设立益州郡（治今云南昆明晋宁区东），向滇王赐予"滇王之印"。滇王仍然是当地最高统治者，与汉朝保持密切关系。

▲ 各族的纳贡人物

手执短戈

铠甲上至颈部、下至膝部，比中原士兵铠甲的防护效果更好

背负孩子的妇女

人头

人头

▶ 纳贡场面青铜贮贝器

这是滇王墓葬中随葬的贮藏钱币器皿，器面上有部落酋长向滇王朝贡的雕像群。共有7组画面，每组由部落酋长在前面引导，后面的跟随者或牵牛马，或抬物品，或背箩筐，都是要献给滇王的贡品。部落酋长的服饰各不相同，分别代表不同的部族，由此证实当年滇王对各族的威慑力。

▲ 鎏金武士获俘铜扣饰

这是滇人贵族衣服上的扣饰，正面雕塑滇族武士出征后胜利归来的场面。2名武士带着俘获的战利品，包括1头牛、2头羊和1名被绳索缚起的背负孩子的妇女。2名武士手中还各提着1个有发辫的人头，可知滇人在战争中的残酷情况。

▼ 七牛虎耳青铜贮贝器

在这个滇人贵族随葬的贮贝器盖上，雕塑着一群牛，正中是1头昂首有角的牛，作嘶鸣状，周围6牛，各具神态。

▶ 三人一牛铜扣饰

牛——滇族精神的象征

滇人以饲养家畜著称，"牛"是滇人祖先崇拜的图腾和滇族精神的象征。因此，牛的形象经常在战争、祭祀、纳贡等主题的艺术品中出现，几乎无处不在。

在青铜雕塑中，牛的形象健壮英武，表现了英雄本色。史书记载，滇人素有"豪爽"之称，工匠们以充满激情的艺术手法塑造牛的形象，实际是在追求一种精神和风格。这些作品至今仍然是青铜雕塑艺术的典范。

母权制的王国

滇族部落联盟对外不断征战，扩大本族的势力；对内形成一套严密的社会等级制度，维护奴隶主阶层的利益。

滇族保留了浓厚的原始社会母权制，男女分工明确，由女性主宰社会。女奴隶主负责监督生产、主持祭祀大典、供奉祖先礼仪等重大事务，男奴隶主则负责狩猎和掌管军队。奴隶阶层的分工也都如此，女奴隶从事农业生产、手工业制作和商品交易活动，男奴隶则负责狩猎和对外征战。

奴隶主阶层

滇王 是滇族部落联盟的最高统治者，也是最高军事首领和贵族阶层的最高代表。他是滇族所有土地、奴隶和财富的最大拥有者。战争和祭祀等重大活动，都由滇王决定。

部落首领 滇王统领的部落联盟由数十个部落联合而成。部落首领是附庸于滇王的部落统治者，也是部落中最大的奴隶主，他们有定期向滇王朝觐和纳贡的义务。部落首领也是带兵征战的军事领袖，必须能征善战。在奴隶主阶层中，女奴隶主占有相当的比重。

武士 是在滇族中选拔出来的英勇善战者，主要任务是在征战中掠夺其他部族的土地、奴隶和家畜。他们的地位高于一般平民，属于贵族阶层。

巫师 是负责部落中占卜和祭祀的主官，地位仅次于部落首领，被称为具有表达天意、显示神灵神秘性的特权人物。部落首领甚至滇王都要听从巫师的旨意，才能确定重大活动。巫师手下还管理着一支颇具规模的从事巫术表演的专职队伍。

蹲在门楣的人控制牛栏门的木杠，作夹持牛颈状

观看宗教仪式的人

戴有羽冠、耳环和手镯的巫师

▲ **滇人捕牛仪式铜扣饰**

这里表现了滇人捕牛作祭牲的宗教仪式。

平民与奴隶

平民和奴隶是为社会创造财富的群体，却是社会地位最低下的阶层。

平民 是滇族中为数众多的普通大众，是主要的劳动者，多是士兵、农民和手工业者，地位仅高于奴隶。

奴隶 是滇人在侵略周边部落时俘虏的战士，他们被迫沦为滇族中地位最低下的群体，承担部落中最繁重的劳动，没有人身自由，可以被主人自由买卖，还是祭祀和殉葬的牺牲品。

用作牺牲品的奴隶

干栏式房屋

主祭的女巫师

◀ **诅盟场面铜贮贝器局部**

滇人社会中的重要政治活动和农业、手工业生产活动，都是由女奴隶主主持的，她们是地位显赫的统治者。她们还具有巫师的身份，负责主持祭祀活动。在贮贝器盖上铸有由女巫师主持的杀人祭祀雕塑，干栏式房屋的四周布满各类人物、家禽家畜以及祭祀用的铜鼓和器械。盖上的人物，分别在进行宴饮、奉物、屠宰、炊食、演奏、舞蹈、行刑等活动。

▶ 吊人青铜矛

这件兵器装饰有2个悬吊着的、披发垂头的裸体男性，他们是被滇人俘虏的战士。在滇人青铜器中表现的战俘或奴隶，多是昆明人。史籍记载，滇人经常与昆明人作战，而昆明人的特征就是长发梳辫。这些战俘有的被当作祭祀的牺牲品，用来喂蟒蛇或虎豹，有的为奴隶主殉葬。

双手被交叉缚在背后

▲ 滇族男奴隶主

这是手持权杖的滇族男奴隶主形象。滇族男奴隶主一般头挽螺形髻，身穿长衫，束有腰带，胸前戴圆形铜扣饰，臂部和耳部也有镯或环。他们负责掌管军队和狩猎，因此，青铜器上放牧者和征战者的形象都是男性，农业生产者和手工业制造者则是女性形象。

▲ 滇族女奴隶主

这是手持祭祀用权杖的女奴隶主形象。滇人奴隶主、平民与奴隶的服装截然不同，女奴隶主的尤具特色。她们头挽银锭式发髻，穿宽大的对襟外衣，臂戴扁形手镯，耳戴大圆环。在滇人的青铜器上，女奴隶主的形象高大突出，占重要位置，这是滇人以母权为中心的侧面反映。

脑后梳有长髻的平民
女奴隶主 束高髻的平民
梳长辫的奴隶

▶ 四牛鎏金骑士铜贮贝器

画面中，一名骑马佩剑的武士高踞在贮贝器正中，全身鎏金，纵辔跃马，仰首傲视，四周有虎牛相伴，很有威武神勇的气概。这名武士应是率部征战的部落首领形象。

◀ 纺织场面青铜贮贝器

正中是一名形象高大、全身鎏金的妇女，为奴隶主。另有17名是平民和奴隶身份的妇女，围在5台织机周围，有的跪拜，有的奉物，有的在操作织机。这个画面真实地反映了滇族平民和奴隶在奴隶主监督下进行纺织作业的场面。

军事战略的转移

秦以歼灭东方诸侯国为目标，兵种的结构以传统的车兵和新兴的骑兵并重。汉朝的军事策略由秦与诸侯国间的征伐转变为与周边民族间的战争，长城以北成为主要战场。汉朝为了巩固疆土和多民族的统一局面，边防战略被提升到前所未有的重要地位。尤其是汉匈战争，始终处于边防战略的中心位置。军队职能、兵种构成、作战方式等，为了适应对匈奴作战而发生重大变革，由秦朝车骑并重的结构转变为以骑兵为主力的结构，骑兵时代正式来临。

▶ 彩绘木鞍马俑

骑兵军团化的威力

汉朝最主要的进攻目标，是来自西北由骑兵组成的匈奴军队。匈奴熟悉草原地形，他们的骑兵战术灵活多变，快速机动。更重要的是，匈奴强调以突袭方式主动进攻，胜则连续突击，务求全歼；败则迅速撤退，决不恋战。这种高度的机动性和爆发力，使习惯在中原作战的汉朝军队难以应付。

西汉政府为了对付匈奴，从文帝开始创建骑兵部队。汉武帝时期，骑兵已经成为军队的主力，是战争取胜的决定性力量。至于过去叱咤风云的战车，则已退居为运输工具。随着汉匈战争的规模逐步升级，小型战役发兵数万，大型战役出兵数十万，军团化战争已成为大势所趋。

▲ 彩绘陶骑兵俑

这是汉高祖长陵陪葬墓出土的骑兵俑，是皇家骑兵的形象。

战术	战役（地点）	战况
远程奔袭	漠南战役（今蒙古高原大沙漠以南地区）	卫青率骑兵秘密出塞，潜行700里，在夜色的掩护下突然包围匈奴左贤王驻地，迅速发动进攻。左贤王仓皇逃命，汉军大获全胜
大迂回侧击	河西战役（今甘肃、青海二省黄河以西）	霍去病驱兵翻越贺兰山，横跨巴丹吉林沙漠，过居延海，穿小月氏，进行数千里的深远迂回。以飘忽不定的行动，令匈奴无法判断他的攻击目标，最后汉军突然出现在匈奴的后方，一举荡平河西地区匈奴各部
快速连续攻击	漠北会战（今蒙古高原大沙漠以北地区）	匈奴侵入右北平（今内蒙古宁城西南）、定襄（今内蒙古和林格尔），汉武帝派卫青、霍去病还击。霍去病与匈奴左贤王意外相遇，他当机立断，立即进攻。左贤王还未作出反应，已无力招架。霍去病长驱直入7000里，穷追猛打，直至匈奴腹地狼居胥山。左贤王被连续打击，全军覆没

▲ 汉军骑兵的战术及与匈奴的三大战役

彩绘石骑马人（现藏于中国国家博物馆）

冲破死亡地带的骑兵战术

汉朝骑兵时代的来临，始于汉武帝反击匈奴的战争。汉匈双方以强大的骑兵团互相拼搏，骑兵的战术因而得以充分发挥。尤其是卫青（？—前106）、霍去病（前140—前117）两位杰出将领创立的骑兵军团战术，更是完全突破先秦兵法中适应农耕民族作战的模式，以快速和冲击力强为特点，为骑战开创新天地。

汉匈战争主要在荒原大漠和高山密林地带进行，先秦兵书把这些地形称为骑兵的"死亡地带"，强调骑兵在这里难辨方向，粮食和马匹供应困难，应该远远避开。卫青、霍去病则以熟悉地形的边民和降汉的匈奴人做向导，又有汉武帝提供的充足粮草，马匹也随军供给，基本保障后勤补给，使数十万骑兵跨越沙漠作战的梦想成为事实。

▲ **霍去病墓**

霍去病18岁跟随卫青出征匈奴，曾先后6次出击，打通了河西走廊与西域之间的交通。他死后陪葬在汉武帝的茂陵，封冢仿照他生前征战所及的祁连山形状而建，墓前陈列有大型圆雕石刻群。

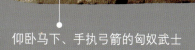

仰卧马下、手执弓箭的匈奴武士

▲ **马踏匈奴**

这座石雕是霍去病墓前众多石雕之一，是汉武帝为表彰霍去病出征匈奴的战功而建立的。

募兵制与马政

► **彩绘持盾步兵俑**
这是西汉初年的步兵形象，指挥官和步兵的服装及装备与秦朝变化不大。

西汉初年，实行郡县征兵制，当时各诸侯国对朝廷有相对独立性，征兵制度不尽统一。汉武帝为了加强边防和出征匈奴，推行募兵制，军队中招募了大量失去土地的农民和能征善战的少数民族兵士。到了东汉，募兵制完全取代征兵制，因而出现了地方官吏募兵并执掌兵权的局面，由此形成的军事割据，最终导致东汉灭亡。

此外，汉朝骑兵兴起，朝廷因此重视饲养战马，制定各种有利于繁殖战马的"马政"。这也成为汉朝军事制度中的重要内容。

► **铜奔马**
汉朝很讲究战马的品种，1匹良种马价值20万钱。汉武帝更是对珍贵的马种着迷，他命令李广利（？—前88）在4年内两次远征大宛（Dàyuān，今中亚费尔干纳盆地），夺取有"天马"之称的汗血马。公元前102年，李广利率领6万骑兵，还有10万头牛，3万匹马，上万匹骆驼、驴、骡以及举国招募的后续部队，终于攻入大宛，以巨大的代价得到汗血马数十匹。这件在甘肃出土的奔马，表现出马行疾速、超越飞鸟的一瞬间，再现了汉武帝不惜代价追寻的天马的形象。

势在必行的募兵制

西汉初年实行的郡县征兵制，是在户籍管理的基础上产生的。当时，20~60岁的男子都在征兵范围之内，服役期为两年。汉朝规定，王室宗亲和高爵官员享有免役特权，贵族也可以用钱买爵位免役。所以，征兵制实际是以平民为对象的。

汉武帝时期，汉匈战争激烈，征兵制无法应付需要，汉政府于是推行募兵制。当时，土地兼并日益严重，大批破产的农民离开土地和家园，成为主要的募征兵源。汉武帝对应募者给予丰厚的赏赐，例如公元前119年，卫青、霍去病大破匈奴，武帝就赏赐全军将士50万金。因此，募征的兵源不断增加，汉朝出征的军队全部由募兵组成。他们在赏金的刺激下，比征召得来的士兵更具战斗力。此外，朝廷还在募兵中挑选精勇之士，由他们组成"勇敢士""奔命"等特殊应急部队，其作用相当于现代的"敢死队"，以应付突发事变。到了东汉，征兵制全面废弛，募兵制成为国家组建军队的唯一方式。

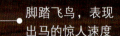

脚踏飞鸟，表现出马的惊人速度

马政的实施

拥有大量品种优良的战马，是建立强大骑兵军团的前提。汉朝皇帝将战马的饲养和繁殖作为一项整饬军备的重要措施，列入边防战略，这就是著名的"马政"。

西汉文帝、景帝开始利用各种措施增加战马的数量。政府鼓励民间养马，养1匹战马可免3人服役。政府又开置马苑36所，分布在西北地区，共养战马30万匹，并设有专门官员监管，对马苑进行严密防护。政府还严禁高5尺9寸以上的马匹出境，以防为敌人所用。

汉武帝即位时，马政的实施已大见成效，"众庶街巷有马，阡陌之间成群"。汉武帝还不惜兴师远征大宛，寻求品种优良的汗血马。有了充足的战马，汉朝才得以组建强大的骑兵军团，并取得对匈奴作战的胜利。

▼ 鎏金马（现藏于茂陵博物馆）

张骞（？—前114）出使乌孙，得到品种优良的伊犁马，将其献给汉武帝。汉武帝极为赞赏，赐名"西极马"。这件在汉武帝茂陵出土的鎏金马，不是中原常见的河套马种，应是汉武帝专有的西域良种马形象。

头戴尖顶帻、身穿窄袖紧身袍的少数民族军吏　身穿宽袖长袍、社会地位较高的汉人

▲ 绢底刺绣屯戍人物图

这是甘肃武威出土的刺绣品。画面表现了汉朝边塞军营屯戍的场景。在营地里，有营门，四周竖立盾牌和戟戈。军营正中站有两人，一个是汉人，另一个是少数民族军吏，证实了长城守军中少数民族军士占有相当比重，也表现了军民共同戍边的场面。

▶ 彩绘指挥俑（现藏于咸阳博物院）

这是汉高祖长陵陪葬墓出土的陶俑，是西汉初年出征作战的指挥官的形象。

长城防御体系的完善

秦始皇修筑的长城在汉武帝时期进一步得到完善，增设了边城、障塞和烽火台等设施，形成汉帝国北部的坚固防线，以适应骑兵时代的战争。

长城处于农耕经济区与游牧经济区的分界处，具有经济隔离带的作用，是农耕民族为对付游牧民族进攻而采取的战略防御措施。从根本上说，汉朝虽然倾尽国力击败匈奴，但无法长期支撑对沙漠的远征。修筑长城，进可作为前进基地，守可作为防御前沿，能有效阻遏快速机动的匈奴骑兵。

筑长城与击匈奴同步进行

汉武帝修筑长城与抗击匈奴的战争相配合，同步进行。长城依战争沿线收复土地的推移而逐步扩展，收复一片土地，就修筑一线长城。

▲ **玉门关长城的构造**
这段长城以红柳、芦苇和砂石构筑而成。

边城与障塞

西汉时期，长城沿线遍布众多辅助建筑，以供当地边防军和迁徙百姓聚居，主要有边城和障塞。

边城是边防军屯戍的地方，也是边郡长官的治所，是整个长城防御体系的核心。边城由内城和外城组成，总面积比内地县城小。城垣平面呈"回"字形，外城边长1000米，内城边长200~250米，官署设在内城中。内、外城之间是屯戍军驻所和民居。边城内的驻军和居民有数千人。

障塞是驻守在边城的边郡长官派出的分支，为障尉（障塞的长官）率兵屯居之所，也就是边防哨所，位置在长城与边城之间，规模比边城小。障塞的平面呈正方形，边长50~200米不等，墙高3米，有瓮城形的城门。障塞中的驻军人数有数十人至百人不等。

小城堡，内设瞭望楼，上层可观察敌情，下层是粮仓

供士兵居住的房屋

城外四周3米以内装有防御性的尖木桩

城墙上安装射击或观察敌情的木转射及射孔

◀ **破城子障塞复原图**
这是居延都尉所属的甲渠侯官的治所。

108

烽火台的台阶 ●————

屋门门框 ●————

▶ **甘肃敦煌烽火台遗址**
这个汉朝的烽火台虽然已有两千年历史，但台阶、屋门门框以及木质支架，仍然保存完整。

烽火台

　　这是长城防御体系中的重要组成部分，是用于传送战情的警报设施。烽火台一般选择在长城沿线视野宽阔的山巅或草原高地上兴建，有的直接建在长城上。烽火台之间相隔3000~5000米，以能相互望见为准，便于依次传递警报。

转动圆轴的把手 ●————

架设弓箭和弩机的长方形斜孔

中心圆轴，转动圆轴可瞄准前方左右110°的目标

▲ **木转射**

历史小证据

边防军的计时器

　　这是汉朝使用的计时器，原本是皇家的珍贵物品，在汉武帝和西汉中山靖王刘胜的墓葬中有发现。这件在内蒙古地区出土的边防军用品，证实西汉政府对长城边防军的重视，也反映出边防军具有严格的时间观念和严密的管理制度。

▶ **中阳铜漏壶**
"中阳"是隶属西河郡（治今内蒙古准格尔旗西南）的县。盖有方孔，安放木质浮箭，标记刻度。

漏壶刻有"千章铜漏一，重卅二斤，河平二年四月造"

壶中盛满水，水从出水管滴出，浮箭随之下沉，根据浮箭的位置计算时间

移民边塞与屯田

为确保边疆安宁，汉朝采取了一系列增强边防的措施。从汉文帝开始，朝廷组织内地居民到西北边塞安家落户，其中规模最大是在汉武帝时期，数十万移民被迁往汉军刚刚收复的地区。朝廷对移民实行军事化管理，居则为民，战则为兵。

汉朝在边疆驻军数十万，军需主要依靠内地供给，负担沉重。汉武帝于是命令边防军投入农业生产，以舒缓后勤供应的困难，称"屯田运动"。这两项边防战略既保障了边境安全，也促进了经济开发。

军事编制下的内地移民

汉朝从内地迁徙到边疆安家落户的移民，大多是失去土地的农民。政府以优厚的待遇鼓励移民，在移民居住区建立城邑，修筑防御工事，使之成为边疆守备的据点。移民按照军事编制管理，由当地驻军官员进行军事训练，"居则习民于射法，出则教民于应敌"。

西北是移民的重点地区，这与汉朝以匈奴为主要防御对象有关。汉武帝时期，随着汉军对匈奴作战的胜利，开始大规模移民。在收复河套后，汉武帝募民徙居到新设立的朔方郡（今内蒙古河套西北部及后套地区），以后又迁徙72万贫民到陇西、北地和西地等，移民活动一直延续到东汉末年。两汉移民的总数在120万以上。移民把中原的农业生产技术和生活方式带到边塞，加速了当地的经济开发和民族融合。

▲ 狩猎工具
这是由芦苇和木檵（jiān）制成的狩猎用具，先用芦苇捆扎成圈，再把削尖的木檵安装在圈内，木檵的尖端指向圈心。这件狩猎工具在长城沿线出土，说明狩猎也是移民和屯田军人在农耕以外的主要生产方式。

▼ "柳"字板瓦
在辽宁朝阳的汉朝遗址中，出土了大量有"柳"字的板瓦，这是西汉边塞柳城县的建筑遗物。西汉抗击匈奴取得漠北大捷后，汉武帝将70多万关东贫民迁到西北和北部，设置县城给居民集中居住。柳城县就是移民区中的其中一个县。

边防军的屯田

"屯田"是指边防军在执行防务的卫戍地区从事农业生产，以纾缓后勤供应的压力。西汉的边防线相当长，战争频繁，粮草供应主要依靠内地转运到边疆，途中消耗巨大。迁徙居民以后所生产的粮食，部分可以用来供应军队，但远远无法满足当地驻军的需求。因此，汉武帝在公元前112年，命上郡、朔方、西河、河西四郡开辟农田，60万边防军在这里从事农业生产。随着汉朝在西域的统治日益巩固，屯田的范围也扩至南疆和北疆。西域都护府设立后，屯田事务归都护管理，凡有驻军的地区几乎都有屯田。

▼ **甘肃敦煌大方盘城**

这是汉朝军队屯田的粮库。

历史小证据

军粮的管理

汉朝规定，作战的士兵每人按月供应粮食25.5千克，食盐0.6千克。所有粮食都由负责后勤的官员定量发给军厨，每日每餐，军厨严格按定量给士兵做饭。粮食进仓和出仓都要有严密的手续，并加盖官印。在内蒙古额济纳旗甲渠侯官治所出土的木印，刻有"万石"2字，是军队管理粮仓的官印。

▲ "万石"仓印

边境关卡与邮递网络

汉朝除了在北方长城沿线驻守军队和戍边屯田外，另一重大措施是加强边防沿线的管理，实行严格的关禁制度和邮递制度，由此构成铜墙铁壁般的防卫系统。

汉朝军事上的重大变化，是以突袭、奔袭为主要战术的骑兵大军团作战成为主要的战争形式。因此，边防前沿的信息传递，邮路畅通，以及严密的文书档案管理等，显得尤为重要。

边境关卡与关禁制度

汉朝在长城沿线设立关卡，实行关禁制度。关卡既稽查行旅，控制商旅流民出入境，防止边防重地人员混杂，也负责征课关税，充实国库。

行人来往关卡，须出示通行证（符信）。如果没有符信而擅自出入关卡，一经发现，予以严厉惩罚。此外，商旅通过关卡必须缴纳关税，税率为货物价值的10%，但实际征收时往往超过规定的税率。

邮递网络与驿站

秦统一六国伊始，就在全国建立起一套邮递网络，并制定出相关的法规。汉朝继承秦制，进一步加强边境的邮递网络，建立起众多驿站，使边境与内地的联系更加紧密。

邮递网络是由交通线上的驿站连接起来的。内地驿站之间的距离一般是30里，边境的驿站主要为军事服务，是传送军事文书的中转站，根据地形和军事需要，驿站的距离略长于内地，为30~50里不等。

驿站分为传舍和置驿两种。传舍是供一般商旅行人休息住宿的地方。置驿是专门接待高级官员的处所，在交通工具和食宿接待方面，有严格的等级限制。汉朝法律规定："四马高足为置传，四马中足为驰传，四马下足为乘传，一马二马为轺传。急者乘一乘传。"可见车马的配备是根据官员的身份和邮递文件的等级厘定的。此外，驿站还设有专门负责邮递的邮人，处理短距离的文书传递。

◀ **敦煌郡效谷县悬泉置**

悬泉置位于今甘肃敦煌和瓜州之间，是古代河西地区的重要驿站，也是等级较高的边境驿站，占地22 500平方米，备有定额的拉车传马和乘骑驿马36匹，还有专责驾车的驭手和传送文书的信使。悬泉置的长官是置丞，以下各级官员分别管理置内的食宿接待、牲畜饲养、财物稽核等工作。悬泉置的主要职能是接待高级官员、外国使节和往来商旅，以及传递诏书和公文。据记载，这里曾接待过西域楼兰王及他的200余名随员。

▲ 汉朝玉门关遗迹

▲ "劳边使者过界中费"册（现藏于甘肃简牍博物馆）

这份王莽时期的简册上，记载了朝廷派去边境慰问守边吏卒的使者的膳食费用。

边境的文书与档案

　　长城沿线的关卡、驿站以及边城障塞，有严格的文书档案管理制度。在这一带已出土的数以万计的汉朝简牍，大多是当时的工作档案、文书等，也有少数私人信件，成为研究汉朝历史的珍贵资料。

◀ 张掖都尉棨（qǐ）信

先秦时代的符信是用铜或木制造的，汉朝则用缯（zēng）帛制造。这个用红色缯制成的符信，在甘肃居延肩水金关遗址出土。信上有供悬挂用的缀系，正面用墨书篆文写上"张掖都尉棨信"，说明这是汉朝高级官员专用的幡信，即旗帜。

历史小证据

信件的保密处理

　　古代的简牍是用绳穿连的。为了防止被人偷看，通常在绳端系结处用泥封闭，再在泥上加盖印章，称为"封泥"。这是战国以来封缄信件的方法，类似今天的火漆封。

　　此封泥用松木制成凹形槽，并缠有6道麻绳，最后在背面打结。在麻绳上用褐红色特制的细泥封缄，上面加盖"居延右尉"印。封泥出土时，原竹简信件已无存，但拆封泥时剪断绳结的痕迹甚为明显，证明此封泥槽是古人在收到邮件后丢弃的。

▲ "居延右尉"封泥

丝绸之路的开辟

由汉朝使节张骞开通的、横贯欧亚的丝绸之路，是世界一大奇迹。中外各国使节频繁往来其间，随之而来的商旅、僧侣、教士更是络绎不绝，实现了东西方连接的梦想。中国、印度、罗马、希腊等各具特色的文明，在丝绸之路上尤其是西域地区交融和传播，由此产生了兼具东西方文化特色的、奇异的西域文明。

丝绸之路将世界文明连成一体，它使中国人认识世界的视野更加广阔，对中国乃至世界历史的进程带来无法估量的影响。2014年，"丝绸之路：长安—天山廊道路网"被列入《世界遗产名录》。

神秘的西域

西汉初年，西域分为36国，分布在沙漠绿洲和山谷盆地中。最大的国家乌孙，号称有63万人，其次大月氏有40万人，绝大部分是人口在数万或数千的小国，最小的依耐国只有600多人。西域各国从事农业和畜牧业，随畜牧逐水草而居，住无定所。西汉初年，匈奴由蒙古草原向西域侵扰，逐渐成为这里的霸主，小国每年要向匈奴进贡。

▲ 张骞出使西域图

该壁画绘制于敦煌莫高窟第323窟主室的北壁，描绘了汉武帝遣张骞出使西域大夏国的情景。

张骞的使命

匈奴侵扰西域，连续击败西域强国大月氏和乌孙，迫使大月氏西迁西亚。汉武帝为了寻找共讨匈奴的同盟军，两次派张骞出使西域。

张骞第一次出使历时13年，历尽艰难险阻终于在中亚找到大月氏国。但月氏王不愿回东方与匈奴争战，令张骞此行未能如愿。然而，张骞带回有关西域的知识，大大开阔了中原人的视野。后来，张骞第二次出使西域，力劝乌孙王东返，又不成功。但乌孙王派遣数十名使者随张骞返回长安，从此开启了两国的外交往来。

▲ 人头马身像缂毛残片

这件在新疆东汉墓出土的缂毛残片，织有人头马身的图案，有学者认为是希腊神话里的"马人"部族。

◀ 树叶纹毛织鞍毯

这是用于马鞍上的毛毯，由西域制造，图案具有西亚风格，色彩鲜艳，是新疆于阗（今新疆和田）一带流行的样式。

汉朝在西域的行政机构

汉武帝反击匈奴后，匈奴的势力逐渐退出西域。汉宣帝（前92—前49）为加强对西域的控制，于公元前60年设置西域都护府。西域都护府成为汉朝管理西域的行政机构。汉朝皇帝有权册封西域各国的国王，颁赐官吏印绶，调遣军队和征发粮食。汉朝军队在这里屯田，开拓耕地，同时保卫长安通向中亚道路的畅通。

活跃在丝绸之路上的使节

张骞出使西域后，汉朝使团源源不断出访西域各国，以求建立外交和通商关系。汉朝每年派出的使团多则十余批，少则五六批，足迹遍及西域各地。每个使团都带有数万头牛羊和价值巨万的金币、丝绸，其中丝绸顺着使者往来的道路运入西域，远达地中海，成为世界闻名的商品，罗马皇室甚至掀起了竞争攀比中国丝绸的奢侈风气。此外，安息（波斯）、身毒（Yuāndú，印度）、条支（伊拉克）、大秦（罗马）等国的奇珍异宝、歌舞技艺和民俗民风，也传入中国，为汉朝带来一股"胡旋风"。

▲ 缠丝纹长颈玻璃瓶（现藏于洛阳博物馆）

97年，东汉派甘英出使罗马，结果半途而返。100年，罗马安敦尼王朝派使者出访汉朝，并向汉和帝（79—105）送上礼物。和帝向使者颁赏最高荣誉——紫绶金印。从此，罗马与汉朝正式建交通商。这件河南洛阳东汉贵族墓出土的玻璃瓶，是罗马的制品，应是在罗马与汉朝交往的时期传入洛阳的。

▲ 三牺纽列瓣纹银豆

这是西汉齐王刘襄墓中的随葬品。原是古波斯阿契美尼德王朝贵族流行的药丸银盒，公元前2世纪流传到汉朝，应是政府之间馈赠的礼物。银豆传入中国后，又另配置铜圈足和盖上的三牺纽，具有中西合璧的效果。

▶ "寿延年"锦

在具有浓厚西域风格的图案上，装饰"寿延年"汉文吉语，具有中西文化交融的意义。

寿

延

年

沉落沙漠的神秘王国

汉朝时西域有36个大小城邦，分布在沙漠绿洲中。西域都护府设立后，城邦国归由汉朝管辖。后来，由于战乱和沙漠侵蚀，昔日的城邦沉埋在沙漠之中，销声匿迹。

19世纪末，西方考古学家在塔克拉玛干沙漠深处发现位于新疆尼雅河流域的古城废墟，命名为尼雅遗址。中国考古学家经过不断发掘，终于揭开了古城的面貌，确认是汉朝西域城邦国之一精绝国的都城遗迹。

《汉书·西域传》记载，精绝国属于西域小国，有居民480户，共3000多人，军队500人。汉朝设置西域都护府后，在这里设1名都尉为行政长官，并有2名将军和1名译长，构成军事管理机构。

精绝国是丝绸之路南道的重要孔道和商埠。公元5世纪，吐谷浑人占领此地后，连年战乱，经济遭受破坏，加上尼雅河水源断绝，沙漠化加剧，精绝人于是弃城东迁。7世纪，唐玄奘西行取经，路过此地，已是一片荒芜。

▲ **贵族的锦袜**

锦袜的图案具有古波斯风格，其间有"延年益寿大宜子孙"的汉文，是中原专门为外销织造的丝织品。

▲ **刺绣云纹粉袋**

这件专供妇女使用的香粉袋，制作工艺讲究，在中原极为罕见。

干涸的河床　　　　古桥遗迹

◀ **尼雅河古桥**

在干涸的尼雅河河床上，有一座伸向河岸的木桥遗迹。当年精绝人就是从这里渡过湍湍不息的尼雅河。

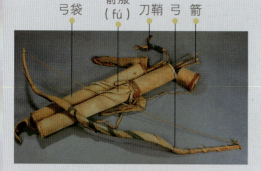

弓袋　箭箙　刀鞘　弓　箭
　　（fú）

◀ **弓箭**

弓箭是精绝人引以为豪的武器，造工精良，坚实耐用，在沙漠征战和狩猎中能发挥巨大威力。在尼雅发现的墓葬中，男性死者多有弓箭随葬。

胡杨木板制成长方形箱式棺

女主人随葬白绸披风

◀ **贵族夫妇合葬墓**

男女墓主人身盖蓝白花纹锦被，穿锦衣锦裤，脚穿绣鞋。脚旁随葬陶盒、陶罐等生活用品。从墓葬分析，精绝国是一个男女地位平等的社会，男主外，骑马射猎；女主内，种植织布。墓中还有丝绵制品20多件，都是内地织造后传入西域的。

"王"字陶罐

▲ **"王"字陶罐**

这是当地烧制的陶罐，罐上有"王"字，可能是精绝王室的用品。精绝国有专门的制陶作坊，产品供王室和贵族使用。一般平民则用木碗、木盆。因此，陶器属于较高级的器具。

▼ **精绝国遗址**

精绝国建在尼雅河畔，昆仑山的雪水润泽了这片沙漠绿洲。汉朝时，这里草木旺盛，牛羊成群。考古发掘证实，尼雅河两岸分布有佛寺、官署、民居、种植园等遗迹。在尼雅遗址方圆5里的沙地，发现近百处房屋遗迹，一般房屋的面积为30~50平方米，房屋侧面附有一座畜厩，面积为10~20平方米，房屋四周有果园。民居都是用胡杨木作梁架，四周用泥草夯成围墙，可以防风沙、防寒暑，至今新疆沙漠仍然存在这种房屋。

畜厩遗迹　　房屋遗迹　　果园遗迹

多元化的繁荣社会

繁荣的商业都会

在逐步巩固的大一统政治体制下，汉朝的疆土得到更大面积的开发。郡县制度加强，地域经济发展，在全国形成了层次分明的以行政区域划分范围的政治中心城市。帝都、郡城、县城等一系列规模不等的城市形成的体系网络，成为商业发展的重要因素。但同时一些地域性的中小城市，保持着固有的封闭性，尤其是东汉自给自足的豪强贵族庄园经济的兴起，制约了城市的更大发展。因此，汉朝全国城市体系在东汉早期达到高峰以后，发展就逐渐迟缓了。

手执武器的
守亭武士

亭门

▲ 陶楼亭
楼亭位于市场中心

全国城市体系的形成

秦朝以前，交通路线的开辟和维护都是出于政治和军事需要。秦始皇大规模修建的以咸阳为中心的全国陆路和水路交通网，被汉政府充分利用，功能由原来的军事通道变为商贸通道，大大促进了全国的商业发展。在交通沿线上，出现了一批繁荣的商业城市。汉武帝时期，郡县两级的治所均需筑城立市。到了东汉，属于郡和诸侯国治所的城市有500个，县级城市达到1800个。城市人口也急剧增加，长安茂陵县就有居民近28万人。在汉朝，全国城市体系基本形成，直至清朝，这个体系仍没有大的变化。

富冠海内的商业大都会

由于各地经济发展和自然环境与资源的差异，全国城市的分布并不平均。城市主要集中在黄河中下游地区，以后发展到长江流域，形成了商业兴旺的10个大经济区域，各区域开发的资源各具特色，出现了农业、手工业、畜牧业并举的局面。

铜钱串成的树叶

▶ 摇钱树
东汉西南地区流行在人死后随葬一株摇钱树。树由陶座和铜铸树干组成，把汉朝人的商品意识和祈求发财的愿望表现得淋漓尽致。

经济区域	郡/地区	地理位置与经济特征
关中地区	长安	膏壤沃野的农业区，物产丰饶，商业繁盛，为全国之首
陇右地区	天水、陇西	通向关中的交通要道，是盛产牛、马、羊的畜牧区
巴蜀地区	成都	西南富庶之地，盛产铜、铁、竹木漆器，丝织品更负盛名
三河地区	河东、河内、河南	商周政治中心。农业发达，是全国农产量最高的地区。手工业技术先进，冶铁业居全国之首
燕赵地区	邯郸、燕	农业与畜牧业并举，近海地区盐、渔业发达
齐鲁地区	临淄	农业有雄厚的基础。冶铁、丝织、盐、渔各业闻名全国
梁宋地区	陶、睢阳	陶的商业发达，也是丝麻织品的著名产地。睢阳是农产品的集散地
颍川南阳地区	颍川、宛	商货的集散地
楚地区	江陵、吴、寿春、合肥	位于长江和淮河流域，是鱼米之乡。造船、丝织和冶铜业发达，是鱼、盐、铜的集散地
南越地区	番禺	海外商品贸易的重要港口和集散地

▲ 汉朝经济区域的分布

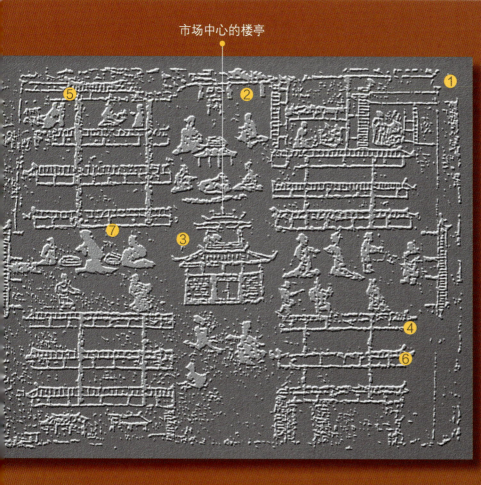

市场中心的楼亭

① 为了方便政府管理，市场必须建筑围墙。

② 市场有固定的营业时间，市门每日按时启闭。

③ 楼亭上置鼓，鸣鼓报时。亭的四面各辟道路，将市场分为4个交易区。

④ 商肆的铺面是长廊式。一般按商品种类集中排列，井然有序。例如，长安和洛阳的市场有"酒市"，就是酒肆的集中地。

⑤ 商肆附近有商人居住的房屋。

⑥ 商肆出售的商品必须标明价格，以便政府监察。

⑦ 商人须取得本市的居住权和营业证，才能够列入市籍，合法经商。西汉的市税为利润的10%，税收上缴皇室或郡县政府。

◀ 汉朝四川蜀郡的小型市场（画像砖）

城市中的市场由政府管理。各大城市根据商业规模设置若干市场，最大的城市长安有9个市场，一般中型城市有2至3个市场，小型城市设1个市场。

凭财富改变命运的商人

秦朝推行"重农抑商"政策，商人的社会地位很低，甚至没有参加正规军的资格。汉朝采取对商业有利的放任政策，促进了商业的发展。

西汉中期，城市出现了"用贫求富，农不如工，工不如商"的风气。人们一时争相经商，产生了一批富甲天下的商人，"天下熙熙，皆为利来；天下攘攘，皆为利往"成为商人们的座右铭。在农工商各行业中，农被视为"拙业"。

此外，秦朝原有的以军功贵族为上的等级制度瓦解了，汉朝出现了划分等级的新制度。政治身份已经微不足道，家产的多少才是社会等级的标尺。"千金之家，比一都之君；巨万者，乃与王者同乐。"被长期贱视的商人，在这时成为不可忽视的社会与政治势力。

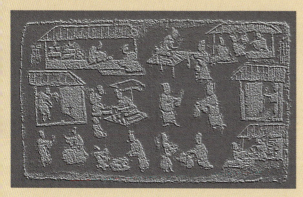

◀ 市井中忙碌的商人（画像砖）

▼ 边境县城——宁县

汉朝上谷郡宁县是为了抵御匈奴南犯而设立的县城。从壁画中可以看到，这座并不繁华的边境小城与内地的县城一样，一应俱全，有城墙、城门、街道、市场、衙署等建筑。

科学测定度量衡

汉朝的度量衡制作工艺更为科学和准确，尤其在新莽时期，律历学家刘歆（？—23）整理历代度量衡制度，使之规范化。他还首次提出以音律作为测量标准的科学方法，这是一项伟大的发明，在当时处于世界的领先地位，比以往用自然物测定度量衡的方法更加精确。

▲ **鎏金铜尺和彩绘骨尺**

这是东汉的尺子，经测量比对，汉尺比秦尺长0.1厘米。

音律与长度

汉朝人利用乐管发出的声音频率来测定长度，其原理是乐管发出的声音频率与乐管的长度成反比。因此，汉朝测定长度，都用特别的铜乐管作为标准器。现今世界上广泛采用光波的长度作为测定长度的标准，两者的原理是相似的。早在两千年前的汉朝，人们就科学掌握了声音与长度相关的特性。

度量衡的标准

汉朝与秦朝一样，中央和地方郡县都可以制造度量衡。由九卿之一的掌管全国财政的大司农监制和颁发度量衡的标准器，各地再按照标准器进行制造。大司农还负责对全国各地制造的度量衡器进行定期检查，如果发现不符合标准，要对地方官员加以严惩。汉朝也出现了杆秤，逐渐取代秦朝以前流行的天平式秤，天平式秤使用的"权"因而逐渐消失了。

秦汉两朝度量衡值比较

朝代	秦朝	汉朝
度量衡值比较	1斤＝256克	1斤＝294克
	1升＝200毫升	1升＝189毫升
	1尺＝23.1厘米	1尺＝23.2厘米

注：汉朝的标准基本继承秦朝旧制，只是量值略有差别。

篆书铭文"律量斗，方六寸，深四寸五分，积百六十二寸，容十升，始建国元年正月癸酉朔日制"

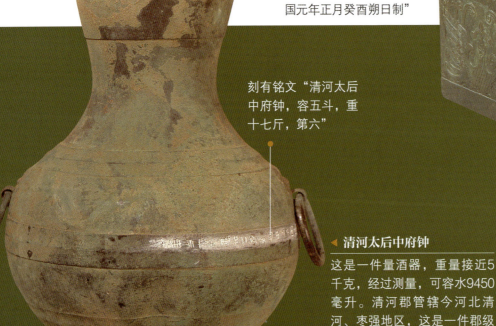

刻有铭文"清河太后中府钟，容五斗，重十七斤，第六"

▲ **始建国元年方斗（现藏于中国国家博物馆）**

这是一件由政府监制并制作得极其规整的量器。铭文中的"律量斗"，是指用音律测定的量器，经测定容积为1940毫升。始建国元年（9）是新莽年号，汉朝的度量衡器具以新莽时期制造的最为精致，这是当中的代表作。

▲ **清河太后中府钟**

这是一件量酒器，重量接近5千克，经过测量，可容水9450毫升。清河郡管辖今河北清河、枣强地区，这是一件郡级官制量器，精确度较高。

稳定的五铢钱

秦朝的货币铸造是由国家垄断的。汉朝初年，国家一度放松了货币政策，除了中央以外，各郡县政府甚至私人都可以铸币，由此引发了币值和物价的混乱，国家政权也面临危机。汉武帝时期，下令整顿币制，旧有的货币一律作废，铸币也由国家垄断。此后，汉朝的货币流通一直比较稳定。

▲ 五铢钱

五铢钱的式样规整，字体清晰，重量实为5铢，不易盗铸。这种钱币一直沿用到隋朝。

历史小证据

汉朝黄金的作用

汉朝除了市场流通的货币以外，黄金在商业活动中也占有重要地位。朝廷或富商进行大宗商品贸易时，多使用黄金。西汉时期，按照规定，与1枚五铢钱同等重量的黄金比价是1∶10 000钱。黄金的实际比价是根据市场行情时有涨落的。

这是一件纯金制造的兽形金器，重9100克，在汉朝贵族的窖藏中发现。有人认为它是用来称重的，是一种度量衡器；也有人认为它是贵族用于储备黄金的。汉朝以黄金作为衡量财富的标准，皇室与贵族都有储备黄金。

———● 用来系绳的纽

▲ 金兽（现藏于南京博物院）

方槽是装入检封（官方检测后颁发的合格证）的地方

▲ 光和大司农平斛（现藏于上海博物馆）

这是汉灵帝光和二年（179）制造的量器。斛口和斛底刻有相同的铭文，记载这是由中央的大司农监制和颁发的量器。

▼ 汉武帝时期五铢钱的购买力

商品	价钱
棉布1匹（可以制1件衣服）	224钱
丝绸1匹（可以制1件衣服）	500钱
粮食1石	500钱
良马1匹	5000~200 000钱
耕牛1头	1800钱
鸡1只	23钱
兔1只	29钱
猪1只	300钱
狗1只	120钱
羊1只	150~500钱
关中地区良田1亩	10 000钱
关中地区豪宅1座	200 000钱

国家垄断的支柱产业

随着城市网络的形成和商业的发达，汉朝手工业也有突飞猛进的发展。汉朝手工业主要有官营手工业、私营手工业和家庭手工业3种形式，也出现了适应商品市场需求的大规模经营性生产，最大的矿业工场雇用人数达10万人。

汉朝的手工业取得了许多惊人的成就，分工日益细密，专业化程度大大提高，产品之丰富、工艺之精湛，是前朝乃至当时世界任何地区都无法达到的。至于对国计民生有重大影响的冶铁业和盐业，则是国家垄断的规模最大的支柱产业。

冶铁业的技术革命

西汉的冶金业包括采矿、冶铁、冶铜、铸造等手工业，是当时最大的生产行业。西汉的铁器已经在社会生产和生活的各个领域得到广泛的推广，农业和手工业的生产工具的种类日趋多样。铁器的冶炼技术更加先进，在当时世界上处于遥遥领先的地位。

工艺化的青铜器

汉朝铜器的使用范围缩小，产量不高。由于制造工艺复杂、成本高、价格昂贵，铜器仍然由皇室贵族垄断，成为深藏皇宫的工艺品。新的装饰技术不断涌现。

国家垄断盐铁业的方式

西汉国家专营盐铁的方式，是在中央设立主管全国盐铁经营事业的盐铁丞，在各郡县设立盐官和铁官，负责当地盐铁的生产和销售。政府在全国设立盐官37处，主要分布在渤海、黄海沿岸产海盐的地区以及西北、西南产井盐的地方。政府又在全国设立铁官48处，遍布黄河流域和巴蜀地区。至于不产铁的地区，则设立小铁官，主要负责收集废铁和改铸农具。

▲ **错金银云纹青铜犀尊**
这件犀牛形酒器，是宫廷用器。器身装饰错金银云纹，并镶嵌绿松石，体现了汉代极高的青铜铸造艺术水平。

▲ **霸陵过氏瓴**
这是西汉炼铁炉上的陶制鼓风管，为长安霸陵县过氏私营冶铁工场所使用。

▶ **错金银夋（现藏于北京故宫博物院）**
这是贵族妇女用来盛放梳妆品的容器。

▲ **鎏金透雕铜熏炉**

122

"齐铁官印"封泥

这是齐国（汉朝的一个郡国）铁官使用的封泥，是验证产品的证明。凡是齐国官营冶铁业生产的产品，都要经过封缄。

产量巨大的盐业

汉武帝虽然对盐铁实行专卖，但政府对盐业的控制始终不太得力，私营盐业屡禁不止。尤其东汉时期，政府对盐业基本上采取放任自流的政策，让民间自行产盐出售，国家收税，盐业的生产规模随着这种私营模式的发展而不断扩大。

中国食盐的种类，主要有海盐、池盐和井盐。沿海居民多食用海盐，内地居民以食用池盐和井盐为主。汉朝盐业的发展极为迅速，一般的中型盐场有上千名工人，以家庭为单位的小型盐场更是多不胜数。

单首双身的金龙

鎏金夔凤

开采井盐图（画像砖）

左面盐井上有高高的井架，井架有两层，每层对立两人，一人用力向上提，另一人用力向下送，利用辘轳（lù lú）提取盐卤。然后，将盐卤注入井架旁的盆内，通过管道流入长方形的盐缸中，再注入煮盐的锅内熬煮。盐锅旁有一人俯身门前，加柴吹风，远处还有运柴的人。这个画面再现了汉朝盐井机械作业的场面。

鎏金银蟠龙纹铜壶

这是西汉中山靖王刘胜使用的酒器，采用鎏金银和镶嵌工艺制造，光彩夺目。

蓬勃发展的纺织业

汉朝是纺织业发展的高峰期。中央政府设立织室，直辖各地的官府纺织工场。各地大工商业者经营的私营工场也颇具规模，地位可比"千乘之家"。民间以家庭为单位的个体纺织业更是充满活力，遍地开花。

随着纺织业规模的扩大，社会消费的纺织品数量骤增，皇室用于赏赐的纺织品数量更是惊人，汉武帝曾一次赏赐丝绸达百万匹。对外贸易中，丝绸是中国输出的主要商品，通过西域远销世界，"丝绸之路"也因此得名。

纺织品的品种

麻织品 纤维长而轻柔，染色效果良好，价格低廉，是平民的主要衣料。脚踏纺车的出现，使汉朝生产出更多高质量的麻织品。

丝织品 丝属超长纤维，质量优于麻质，印染色彩华贵，是贵族的主要衣料。汉朝丝织品的种类达40多种，编织技法和印染技术处于世界遥遥领先的地位。

毛织品 以羊毛为原料，主要在西北游牧民族地区流行，最初被中原人视为贫贱者的衣料。后来，西域一带对毛织品进行加工，引进丝织品的纺织技术和花纹图案，生产出高级毛织品，毛织品才成为中原商人和贵族的服装时尚。

棉织品 西汉初年，中原人视棉布为粗织物，与毛皮同属贫贱者使用的衣料。到东汉晚期，西域生产出一种高级棉布，棉织品才受到中原贵族的珍视和推广。

▲ **绛紫色绢裙**
绢是汉朝贵族妇女的夏季衣料，为平纹织法，颜色素淡。

▲ **菱纹绮**

绮是汉朝出现的、使用特殊技法织成的丝织品。花纹由经线和纬线倾斜排列，分成双线和单线菱形图案，虚实相间，层次分明。

▲ **"长寿明光"锦**

在新疆罗布淖尔出土的吉语织锦，以温暖的色调将图案花纹衬托得绚丽奔放，突出了"长寿明光"的祈福之意。

▲ **鱼蛙纹锦**

新疆罗布淖尔出土，以鱼和蛙作为主题图案，这种纹饰在汉朝丝织品中极为少见，应是中原专为西域贵族织造的外销产品，具有浓厚的西域风格。

彩锦新时尚

锦是汉朝丝织品最高水平的代表。它的织法独特，以经线显出花纹，用染上各种颜色的丝线织成。图案多模仿漆器的云气纹，动感强烈。

西汉初年，长江、黄河流域的贵族阶层中十分流行彩锦。到西汉晚期，因为锦的工艺复杂、造价昂贵，在中原地区逐渐衰落，但同时又在新疆、内蒙古等边郡盛行起来。尤其是西域地区，人们以锦服为时尚，锦的图案因而融入了西域风格。

历史小证据

中国最轻最薄的纱衣

"素纱"是用细丝织造的极薄的织物，是汉朝贵族妇女最讲究的内衣。这件薄如蝉翼的纱衣，出土于马王堆汉墓，衣长160厘米，用极细的单根丝线织成，经线和纬线均为每平方厘米62根，丝的质量与现代家蚕线的韧度和光洁度极为接近。连同领子和袖口的镶边在内，衣服仅重48克，充分反映了汉朝缫丝纺织等工艺的高超技巧。

▶ **曲裾（jū）素纱单衣**

纺织技术的革命

商周以来，人们长期使用手摇纺车和立式织布机，由于技术落后、设备简单，纺织品种类一直没有很大突破。到了汉朝，随着纺织机械的多项改革，尤其是脚踏纺织机的发明并且迅速普及，以及印染技术的专业化，社会上涌现出大量新的纺织产品。

此外，刺绣技法在汉朝也得到广泛的推广，长江流域的刺绣品占丝织品产量的一半以上。到了东汉，刺绣又传播到边郡和西域，成为出口的重要商品。

脚踏纺织机的诞生

汉朝发明脚踏纺织机，是纺织业划时代的进步。这种纺织机属于斜织机座，织工坐在织机上，整个机面的操作状态一目了然，能够减少布面的断头，使织物更加均匀平整。更重要的是，这种织机的机轮牵引力提高了，而且用脚踏织板，把织工的右手解放出来，双手配合纺纱和并线，提高了生产效率。传统的立式织布机在汉朝只用来编织草席和地毯，逐渐被纺织业淘汰。

▲ 武士纹缂毛残片

这件毛织品是一件挂毯，采用缂织法织成武士形象，又在面部以彩色晕染双目和鼻翼，使人物形象更加立体和丰富，属于西方的凹凸画法。此残片可与前面的"人头马身像缂毛残片"拼合。

◀ 纺织图中的脚踏纺织机（画像石）

操作脚踏纺织机的步骤：
❶ 卷经轴：轴上绕有经丝，织造时通过经轴的转动将经丝退出来。
❷ 豁丝木：经线由它分为面经和底经，并形成梭口，这是最重大的改革步骤。
❸ 踏板与综线：织工通过脚踏板使马头前后俯仰，以此控制综线的提降，形成上下层经线的交替位置。
❹ 梭口经纬交织：织工在交换的梭口出现时，投梭引纬线，使经纬线交织在一起。
❺ 卷布帛轴：当纬线织紧时，织物在卷布帛轴的带动下引离梭口，作为成品卷在轴上。

▶ 脚踏纺织机复原图

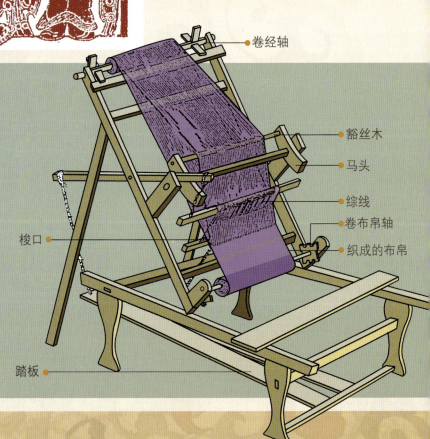

卷经轴

豁丝木

马头

综线

卷布帛轴

织成的布帛

梭口

踏板

印染技术的专业化

汉朝的纺织品印染从纺织业独立出来，成为专门的行业。印染工匠已经掌握了多种多样的植物和矿物染料的印染方法，新增加了黄色和红色的植物染料，以及墨黑和金银粉等矿物染料，这些颜色成为汉朝服饰的主体色彩，使用相当广泛。

汉朝丝织品的颜色多达39种，其中浸染的颜色有31种，其余是绘染的。丝织品不仅色彩艳丽，而且颜色均匀，以绛紫、墨绿、朱红等染色最为深透且稳固。

▼ 黄绢地长寿纹绣

汉朝高级丝织品的黄色都用栀（zhī，一种灌木，可作黄色染料）来染色，这件黄绢也是如此。黄色是不易长期保存的颜色，这件织品经历了两千年色彩依然鲜明，可见汉朝印染技巧的高超。

茱萸纹是汉朝流行的图案，象征长寿吉祥

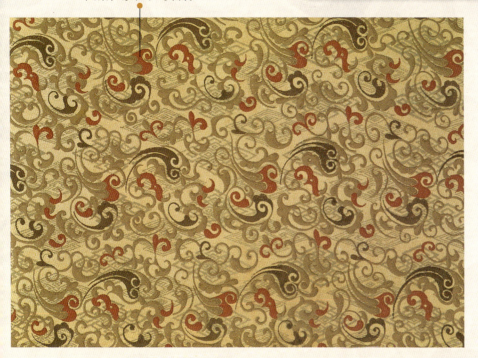

历史小证据

商人禁用的衣料

毛织品原本属于贫贱者的衣料，但新疆出产的毛罽（jì）在汉朝皇室贵族中盛极一时，属于高级织品，受到皇帝的高度重视。汉高祖曾明令禁止内地商人穿毛罽服装，以显示社会等级的差别。

这件织物以彩色羊毛交织而成，蓝、白、红三色均以植物染料染印，色彩明丽舒朗。织物上的龟背纹和海棠花纹，都是中原流行的图案。这是新疆本地产品，但已受到中原汉文化的强烈影响。

海棠花纹象征 龟背纹象征
幸福美满   长寿

▼ 龟背海棠花纹罽

刺绣技法的推广

刺绣是丝织品中常见的技法，商朝已经出现，它的制造费工费时，技法要求又高，所以到汉朝依然属于高级丝织品，价值甚至在彩锦之上。

刺绣多以云气纹为基本纹饰，云气纹中的长寿纹、乘云纹和信期纹，是刺绣3种主要的图案。技法高超的刺绣制品，针法细致，不露针眼，花纹整齐均匀，线条流畅，具有南方楚国的风格。

精美的漆器与瓷器

汉朝贵族阶层喜欢使用漆器，漆器业成为重要的生产行业。官营漆器工场的产品种类繁多、品质精良，以供应皇室为主，少量流入市场。名贵的漆器价格比青铜器高10倍以上。而私营漆器业也非常活跃，制造出大量迎合市场需求的产品。西汉晚期，漆器产量增加，价格下降，成为中下阶层的日常生活用具。东汉以后，漆器从日用型向工业型转化，新兴的瓷器逐渐取代漆器，走进平民百姓的生活中。

贴银

贴金

▲ 贴金银箔玛瑙珠七子奁（现藏于扬州博物馆）

这个漆奁采用平脱技法制造，用金银动物图案作装饰，是西汉新工艺的杰出代表。后来，这种工艺被唐朝沿袭。

漆器的生产

漆器的主要原料是漆树中产生的生漆，因此，漆器工场一般设在种植漆树的地区。随着工艺技术的发展，漆器生产的分工日益细密和专业化。汉朝官营工场的漆器生产有8道工序：素工（制胎）、髹工（涂漆）、上工（镶嵌饰件）、铜扣黄涂工（镀金）、画工（描绘纹饰）、雕工（雕刻花纹）、清工（打磨清理）、造工（工师检验）。每道工序完成后，由监造人员和工匠在漆器上铭刻姓名，可见管理的严密。因此，《盐铁论》概括漆器生产的工序说："一杯棬（quān）用百人之力，一屏风就万人之功。"

汉朝是漆器装饰工艺达到顶峰的时代，唐朝的漆器虽然更显华贵富丽，但工艺技术都是继承自汉朝的。在漆器上镶嵌金银、铜、玉石、玛瑙等，是汉朝最流行的装饰，扬雄的《蜀都赋》对漆器就有"雕镂扣器，百伎（jì）千工"的赞美。

◀ 云纹漆钫

这是官营漆器工场的制品，也是高级官员随葬的漆制礼器。西汉漆器的普及，冲击了旧有的青铜礼器，并逐步取代青铜礼器的地位。

瓷器的发明

春秋时期，长江下游吴越地区出现一种原始瓷，但越国被楚国灭亡后，原始瓷的烧制技术突然中断。西汉以后，吴越地区的窑场蓬勃兴起，尤其会稽郡上虞县（今浙江绍兴东部）最引人注目。其产品质素精良，釉（yòu）层丰厚而富有晶莹光泽，从胎质到釉质完全摆脱了原始瓷的性质，达到了近代瓷器的标准。东汉时期，上虞诞生了中国最早的真正瓷器——越窑青釉瓷。

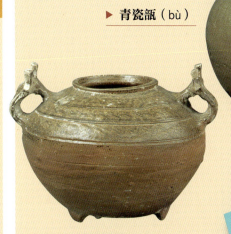

▶ 青瓷瓿（bù）

▲ 青瓷罐

青瓷罐与青瓷瓿是东汉上虞瓷窑的产品，经测定，其烧制温度达1310摄氏度，显气孔率0.62%，吸水率0.28%，抗弯强度710千克每平方厘米，釉层厚度0.8毫米（有透光性）。

漆器产地的分布

先秦漆器的产地在秦岭及渭河流域直至黄河中下游，即今陕西、河南、湖北、山东一带。汉朝时，在今四川、重庆、江苏、安徽、湖南、广东、广西等地出现一批"千亩"的大型漆园。尤其巴蜀官营漆器工场的产品，专供皇室享用，创新技法层出不穷，堪称漆器绝品。

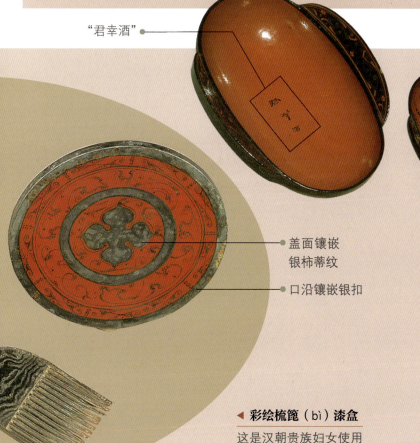

"君幸酒"

盖面镶嵌银柿蒂纹

口沿镶嵌银扣

◀ 彩绘梳篦（bì）漆盒
这是汉朝贵族妇女使用的梳妆盒。

▲ "君幸酒"漆器一套
君幸酒，君子有幸饮酒的意思。

农具改革与牛耕的推广

农业是支撑汉朝社会经济的基础，从长城以北的不少郡县直至岭南的广大地区，都是农业生产区。汉朝皇帝向来强调"以农为本"的国策，从而确立了以农业为基础的国民经济体系。农业在政府大力扶持下高度发展，对汉朝经济的繁荣腾飞起着巨大的推动作用。

在政府鼓励农业的同时，铁制农具和牛耕技术在全国推广，处于世界领先水平的铁犁铧在不断改进，使耕地面积和作物产量大幅增加。

人口与耕地

汉朝全国耕地面积达827万顷，按全盛时期全国人口6000万计算，平均每户五口之家有耕地约70亩。由于耕作技术和农具的改进，粮食产量大大提高，关中地区亩产小麦5石，是战国时期亩产量的1倍以上。

农具的改革

秦朝曾经在黄河和长江流域推广铁农具，西汉政府进一步把铁农具推广到南方的广东、广西和北方的长城沿线。农业生产与铁农具密不可分，《盐铁论》说："农，天下之大业也；铁器，民之大用也。"

因为各地土质与用途的差异，随着农业的发展，农具种类不断增多，功能更加完善。从平整土地、播种、中耕除草、灌溉、收获脱粒，到农产品加工等，各类专用农具达30多种。其中西汉末年的铁犁铧，通过重大改革，成为世界领先的新农具，欧洲的农民要在1000年以后才懂得使用。

◀ **持耒的农夫**
这是黄河流域农夫的形象。

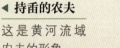

▶ **持锄陶俑残片**
长江流域的农夫以用锄头为主。

牛耕技术的推广

牛耕技术出现于春秋末年，耕作效率比人力提高10倍以上。然而，西汉以前，牛耕并未得到全面推广，人力耕作始终占主导地位。

西汉初年，政府大力推广牛耕，将其视为"耕农之本"，各地官员也积极鼓励农民采用牛耕。到东汉末年，牛耕已普及全国。

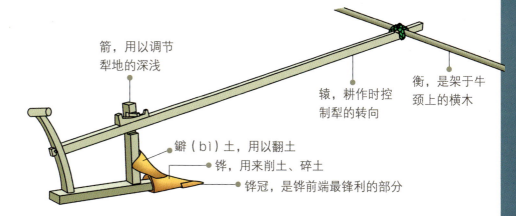

▼ 二牛一人式耕作法使用的长辕犁

箭，用以调节犁地的深浅

辕，耕作时控制犁的转向

衡，是架于牛颈上的横木

鐴（bì）土，用以翻土

铧，用来削土、碎土

铧冠，是铧前端最锋利的部分

▲ 二牛三人式牛耕图

汉朝推行的牛耕技术由二牛和三人组成。二牛之间相距2~3米，由一木杠相连，杠有绳系在犁铧上。一人牵牛，一人操纵犁辕，一人执犁铧，三人需要较好的驾辕和扶犁技巧，以及相互配合。

◀ 彩绘木牛犁

这是甘肃武威地区出土的耕牛和犁模型。犁与中原地区不同，没有鐴土装置，较为原始。

▼ 农耕图（壁画）

西汉末年，黄河和长江流域农业发达区牛耕技术出现更大改革，发展出二牛一人式耕作方法。此方法一直沿用到近代，直至被先进的农耕机械所取代。

精耕细作的农田

汉朝农民掌握的耕作知识已经相当丰富，他们在土壤质素、施肥方法、选种标准和田间管理方面积累了丰富的经验。随着铁农具和牛耕技术的普及推广，精耕细作的生产方式形成传统，促进了农业技术向科学化、系统化、理论化迈进。汉武帝时期的搜粟都尉赵过，大力推广代田法和耕播技术，为提高农业产量和大规模的农田经营创造了有利条件。

播种新农具——耧（lóu）车

除了代田法外，赵过还推广一种畜力播种机——耧车。耧车有3个铁制耧足，相当于3个小型铁犁铧。一次可以播种3行，行距一致，下种均匀。一部耧车每天可以播种1顷田，节省劳力一半以上，大大提高了播种的效率和质量。

连通耧足的耧斗，盛载粮种

空心的耧足

▲ 耧车模型

耧车播种时，一牛前引，一人扶犁，一边开沟，一边下种。粮种自耧斗经耧足下播，同时完成开沟、下种和覆土3道工序。

赵过与代田法

汉朝农业发达的黄河以北地区，农民掌握了旱地农田防旱保墒（shāng）的耕作技术。汉武帝时期主管全国农业的搜粟都尉赵过，总结了这一地区的经验，创造了科学耕作的代田法。在朝廷大力支持下，他亲自到西北边郡、河东、弘农等黄土高原风旱严重的地区进行推广，取得了"用力少而得谷多"的成果。

1. 开沟作垄

2. 逐次培壅

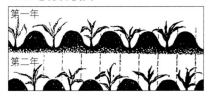

3. 土地轮番使用

第一年

第二年

▲ 代田法的运作

代田法是一种适合北方地区自然条件的轮耕技术。在1亩田中，纵向分为3道甽（quǎn，同"畎"，指田间小沟）和3道垄，甽、垄各宽1尺，将粮种在甽中。苗长高时，不断用垄土培固根部，使秧苗耐风旱、抗倒伏。第二年，甽、垄换位，以调节土质肥力。

赵过推广代田法的同时，也推行二牛三人耕作法，使之配合耕种。这种方法使亩产量达到10石，比一般耕作方法的收获增加1倍以上。

农田管理的整体观念

汉朝农作物的栽培技术，从播种、施肥、灌溉、除草到收获，各个环节相互关联、相互制约。农民注重农作物生长的规律性和与之配合的生产技术及措施，形成农田管理整体化的观念，反映了农业技术的进步。

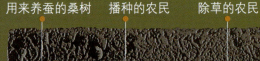

用来养蚕的桑树　播种的农民　除草的农民

农田灌溉设施

东汉末年，长江流域水源充足的地区流行翻车，翻车又称龙骨车，适用于种植水稻的农田。此外，先秦时代中原地区最为普及的农田灌溉和汲水饮用的水井，在汉朝也向江南以及长城以北的广大地区推广。尤其在西北屯田干旱地区，水井对农田的精耕细作起到无法替代的作用。

◄ 东汉灭火陶井

井是农田灌溉的重要设施，也是农家重要的水源。汉朝的井利用滑轮升降汲水，井口上有遮檐，以保证井水的洁净。该陶井井台上还刻有"东井灭火"4字，可见汉朝乡村建有完善的消防报警系统，人们也具有防火的意识。

▲ 翻车汲水

▼ 耨（hāo）秧图（画像砖）

东汉初年，黄河流域首先发明水稻育秧栽培技术，就是先培育水稻秧苗，再将秧苗移栽到稻田中，这样可以缩短水稻在稻田的生长期。东汉末年，这种技术在长江以南的广大地区迅速推广，实现了一年春秋两熟的稻田高产。此图描绘的是四川地区的农民夏季在稻田耕作的情景，证实了长江流域一年两熟育秧技术的成熟。

农民正为插秧后的稻田进行锄草耨秧

农民在已经收割的稻田中松土，准备再次插秧栽种

除草播种图（画像砖）

这是长江流域巴蜀地区的农民在春天耕种水稻的场景。阡陌整齐划一，田畦清晰。田间6名农民在耕作，有的手执镰刀除草，有的手执圆钵播种。这种耕作方法适用于一年一熟的稻田。

两人正张弓欲射

农民肩挑稻捆，手提饭篮，准备回家

▲ 收获弋射图（画像砖）

自给自足的庄园

汉朝的土地所有制分为国有和私有两种形式。国有土地包括公田和屯田，私有土地包括皇室土地、地主土地和自耕农土地。西汉初年，诸侯、官员甚至富商，为了扩充力量，大肆购置田产，逐渐发展为官僚、商人、地主合流，形成豪强世族。后来的东汉是在豪强世族的支持下建立的政权，豪强世族牢牢控制了从中央到地方的各级机关，他们的势力空前膨胀，辖下自给自足的庄园也得到迅速的发展。

▶ **贵族庄园图**
这是内蒙古和林格尔东汉墓内的壁画，重现了庄园中农、林、牧、渔等生产的实况。

踏碓舂米的工人　　工人用扬扇鼓风，吹扬谷秕（bǐ）　　正在倒谷的工人

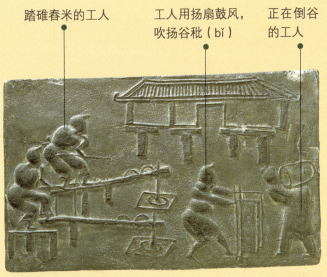

▲ **舂米图（画像砖）**
在庄园粮食加工场上，4人相互配合舂米，动作十分协调。

粮食加工技术的进步

庄园为了满足豪强贵族日常生活的需要，很注重粮食的精细加工。先秦时代，粮食加工长期使用人力杵臼（jiù）舂（chōng）米脱粒。西汉发明了脚踏碓（duì），使劳动强度降低，工效提高10倍。此外，利用风力扬谷的扬扇、风车等工具也相继出现。这些新兴的粮食加工技术须由数人配合完成，十分适合庄园的经营模式。

这是一幅典型的自给自足的贵族庄园图景。

— 庄园的仓房

— 庄园主在楼阁水榭中端坐对饮

— 赐粮的庄园家仆

— 一个老人站在仓前，等待庄园主赐粮。东汉选拔官吏有"察举"和"征辟"两种途径。前者是地方向朝廷推荐有德行的人任官，后者是朝廷到地方征召有名声的人当官。这里表现了庄园主赈济贫困老人，以激扬名声，取得任官的资格

— 干栏式的碾房

— 粮食加工的地方，设有两个碓，两名农民正在踏碓舂米

这是庄园的水塘和稻田。稻田中有一位农民在持锄松土。水塘中小舟荡漾，荷莲茂盛。水塘和稻田间设有闸门，可以调节用水。东汉时期，江南广泛修建池塘，以利灌溉稻田和饲养家禽

酿酒技术的专业化

　　酿酒是汉朝庄园经营的主要活动之一。每个庄园自设酒坊，除供贵族庄园主消费外，还大量出售，数量相当可观，有的大酒坊出售的酒甚至以"千斛"计算。

　　东汉主要生产粮食酒和果酒两大类，酿酒技术逐步专业化，酒精含量也较高。根据酒的色味，分为黄酒、白酒、甘酒、香酒等数十个品种。普通曲酒每斗40钱，名贵酒每斗价值万钱。汉朝还普遍酿造一种酒精含量较低的曲酒，用粮2斛、曲1斛可酿酒6斛6斗。

工人推着装满酒瓮的车，准备运酒出售　　酿酒槽　　工人用酒瓮承接从酒槽滤出的酒

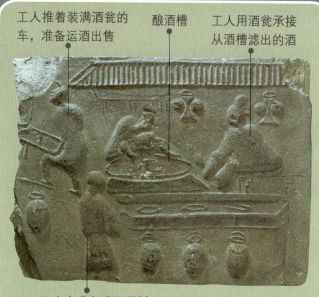

工人在准备酿酒原料

▲ 酿酒图（画像砖）

这是贵族庄园酒肆作坊生产和销售的情景。

防御森严的庄园

随着东汉土地兼并加剧和社会动荡，各地豪强的庄园普遍建立起防御性的军事堡垒，并拥有强大武装的家兵——部曲。这时的庄园不仅是经营生产的单位，也是强大的军事组织。尤其东汉末年战乱之际，豪强率领庄园家兵或筑堡自守，或参战争雄。豪强之间互相吞并，形成更大的武装集团。庄园成为地方割据势力的支柱，具有不可轻视的政治、经济和军事实力，对朝廷造成巨大威胁，最终影响了汉王朝的命运。

▶ 绿釉陶楼

这是汉朝常见的塔楼，高耸的顶楼上悬挂大鼓，并有武士巡视瞭望。一有敌情，武士立即击鼓报警，表现了豪强世族称霸一方、拥兵自保的情景。

防御性的军事堡垒

豪强世族在庄园中聚族而居，宗族成员连同奴婢、家兵达到数百甚至数千人。庄园建筑规模宏大，为加强军事防御，四周有高墙环绕，四角有碉堡耸立，便于瞭望和防守的高层望楼成为这一时代的特征。

◀ 陶城堡

这是南方的小型庄园城堡。四周筑高墙，四角建角楼，可以瞭望和防卫。底层没有窗，只有高层才有通风的窗，这是城堡的特征之一。

◀ 绿釉陶水榭亭

这是东汉庄园中园林的缩影。堆土成山，引水成池，其间楼阁亭榭相连，奇花异草、飞禽走兽点缀。亭中一名男子扬袖起舞，另一名男子抚琴演奏，旁边三人拍手伴唱。水榭亭四周有张弓拔弩的家兵严阵以待，与一派歌舞升平的景象极不协调。这种水榭亭既是庄园中的游乐场所，又具有防御功能。

私家园林的兴起

秦朝以前，园林为王室皇家所独有，到了汉朝，出现了私人园林。当时，各地庄园纷纷仿效皇室兴建供贵族游玩的私家园林。贵族之间争奇斗胜、互相攀比，使园林更加精巧别致，建筑更加富丽。

◀ 分类粮仓

这是西汉流行的小型粮仓，仓上写有"粟万石"字样。汉朝粮食的品种达10多种，庄园中的粮仓一般按粮食种类分类储藏，这是科学的方法。

战备与粮仓

储藏粮食的仓房，是汉朝庄园中重要的战备设施。秦朝以前，人们使用地窖储粮，到汉朝普遍使用小型的囷（qūn，圆形的谷仓）储粮。东汉时期，战事频仍，储备粮食成为关系庄园生存的头等大事。因此，楼阁式粮仓出现，而且越建越大，一座粮仓可以储粮万石以上。东汉末年，豪强董卓的庄园内，囤积的粮食可以维持30年用度，储藏黄金约3万斤，白银约9万斤，珠玉锦绣更是堆积如山。这样储备雄厚的庄园，完全可以应付长期战乱的局面。

家兵防守的望楼

上层储藏面粉

中层储藏已脱壳的米

底层储藏未加工的稻谷

交纳粮租的佃农正背粮迈向仓门

◀ 彩绘四层仓楼

东汉庄园中普遍出现大型仓楼。汉朝的粮仓很注重通风，都开有风窗，但风窗都开在高层，防止粮食被人偷窃。仓楼底层还设有围墙、阙形门等，都是防御设施。

中层有窗，顶层有通风的小屋，有利于空气在室内流通

远离地面的干栏式建筑，能有效防止地面的潮气

▲ 庄园粮仓图

该壁画描绘的是称为"廪（lǐn）"的粮仓。廪是一种特殊的粮仓，专门储藏经过精细加工的面粉，或者脱壳的米。因为面粉对储藏条件要求较高，需要单独存放在通风条件更好的廪中。在一些大型庄园中，除了仓楼以外，还建有廪。

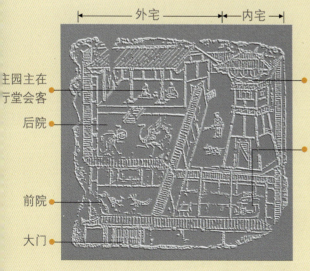

外宅　内宅

主园主在丁堂会客

后院

前院

大门

望楼

水井、炉灶一应俱全的厨房

◀ 庄园庭院图（画像砖）

这是东汉典型的庄园主居住的庭院。

超然世外的庄园

汉朝各庄园之间或兼并征战，或勾结联合。在社会动荡的年代里，豪强世族凭仗雄厚的经济基础和政治势力，在独霸一方的庄园里仍然过着追求享乐、歌舞升平的生活。他们拥有私家的歌舞伎乐和骑士射手等专门人员，常年为庄园主表演献艺。

聚会宴饮

庄园主经常聚集各地官员、豪强、商贾于一堂，大设宴会。宴饮活动和厨艺不仅可以显示主人的尊贵地位和显赫权势，还可以联络贵族之间的感情。因此，宴饮是当时重要的外交手段之一。

宴饮中所使用的酒器，都是华贵富丽、流行一时的鎏金器或玉器，商周时代上层社会使用的钟鼎之器，开始退出历史舞台。

▲ 烧烤羊肉图局部（壁画）
庄园主大宴宾客，美食自然不可或缺，烤羊肉正是佐酒的佳肴。

▲ 宴饮百戏图局部（壁画）
这是庄园主大宴宾客的场景，现场还有百戏（杂技）表演。

游戏与博弈

射箭、投壶、博弈、角力，是汉朝从皇室贵族到平民百姓都十分喜爱的娱乐和竞技活动，其中投壶和棋弈，更显优雅高贵之风，是显示贵族身份和修养的必备技能；在贵族庄园聚会的时候，更是必不可少的行乐项目。

▼ 汉代常见娱乐活动

项目	内容
投壶	比赛双方各持5支矢，将矢投入细颈壶中，投中者为胜，输者受罚饮酒。比赛过程中有鼓乐伴奏，歌舞助兴，以烘托热烈紧张的气氛
博弈	"博"古时称博戏，"弈"即围棋。博弈在秦汉两朝十分流行，从皇帝后妃到文武百官都酷爱博弈。西汉朝廷专门设立博待诏官，负责诏募棋手与皇帝对弈，棋手多是贵族子弟。当时著名棋手在全国妇孺皆知，社会地位相当高
射箭	不仅是战斗技能，而且是相当普及的健身和娱乐活动。在庄园聚会中，骑猎射箭是必不可少的

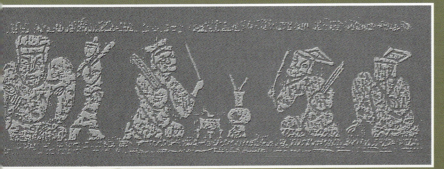

◀ 投壶图（画像砖）
正在比赛的两人，一人戴平帻，另一人戴进贤冠，均穿长衣，相对跽坐。每人一手抱三矢，另一手持一矢，做投壶动作。壶中已有两矢。壶旁置一酒樽，有一舀酒勺，输者用此勺饮酒。左边另一戴平帻的人已醺醺大醉，张口欲呕吐，应是输者，旁有一侍奴正搀扶他离席。右边另一戴进贤冠者，跽坐旁观比赛。画面形象生动地再现了投壶比赛场面的热烈气氛。

彩绘棋弈木俑

▼ 黑漆朱绘博戏用具

这是一套汉朝的博戏用具。盒内分类摆放有棋盘、棋子、筹码、骰子等，棋子共12枚，6枚白、6枚黑，因此又称"六博"。棋盘上布置各种曲道，行棋需根据掷骰的结果决定路线和棋步。行棋讲究技巧，要给对方设置塞道障碍，阻止对方的行棋路线。

▶ 青铜投壶

这种细长颈的铜壶，是投壶游戏的专用器具。

▶ 弓射图（壁画）

这是庄园中射击比赛的场面。

生活用具与交通工具

汉朝贵族的生活奢华，庄园中使用的生活用具与皇宫珍宝无异。除了专门用于祭祀的礼器以外，各类用具已经完全摆脱了礼制的束缚，实用性与艺术性兼具。

另外，汉朝的马车成为主要的交通工具。西汉对乘车制度有严格的规定，上自皇室，下及文武百官，各有等差，不得僭越。但是到了东汉，马车作为最主要交通工具的局面发生变化，悠然自得的牛车成为贵族出行的新时尚。

显示身份的生活用具

汉朝贵族的日常生活用具在注重实用性与艺术性之余，也讲究与整体居室环境的和谐。追求典雅高贵，是这一时代的特征。西汉初年，在皇宫王室中新兴的各式照明灯具和熏香用具，成为显示高贵身份的标志，很快在贵族阶层中流行。

燃烧产生的烟雾通过鱼和雁颈导入雁体中，防止烟雾在室内造成污染

可转动的灯罩，以调节亮度

控制灯盘转动的灯柄

灯盘

▲ 雁鱼铜灯（现藏于山西博物院）

这是贵族使用的照明用具。灯主要由雁头、雁身、灯盘、灯罩四部分组成，设计达到实用性与艺术性的完美结合。

▼ 彩绘人物车马镜（现藏于西安博物院）

贵族使用的铜镜不仅花纹繁缛，而且采用鎏金或镶嵌工艺，并流行装饰铭文。铭文的内容以祈祷高官厚禄、长寿富贵等吉语最常见，反映了当时贵族阶层追求富贵享乐的人生观。

彩绘出行游乐、骑马狩猎和饮酒宴乐等贵族生活场面

▼ 青铜透雕熏炉

西汉初年，熏炉是深藏于皇宫王室的高级熏香用具，香料都是经长途运来的，因此价格昂贵，只有皇帝和诸侯王才能享用。到西汉中期，熏香风气在贵族阶层蔓延，他们使用的熏炉造型完全仿效皇帝的熏炉。

彩绘人物图案

交通工具与仪仗

战车在汉朝的战场上"退役"了，以战车数量衡量国力的观念已经被人们淡忘，代之而起的是交通运输工具——马车。

西汉马车与秦朝不同，车厢向小型、轻便、舒适发展。秦朝最高等级的驷马安车，在汉朝仍然是皇帝和诸侯王专用，俸禄600石以下的官员都乘坐两马拉车，甚至一马拉车。东汉贵族多僭越乘车制度，以马车出行仪仗炫耀势力。东汉末年，在皇帝的倡导下，乘坐牛车成为高官显贵引以为荣的时尚。

▼ 铜车马

◄ 错金银镶松石狩猎纹铜伞铤（dìng）

这是贵族马车上支撑伞子的铤，镶嵌绿松石和红玛瑙。马车的配件如此精美，体现了汉朝贵族马车装饰的豪华。

▼ 伞铤的狩猎纹图案

画面以贵族狩猎为主题，人与动物搏斗的场面刻画得生动而细腻，是汉朝艺术的杰作。

▼ 贵族车马出行图（壁画）

画面中贵族乘坐由一匹马拉动的马车出行，按照汉朝制度，他们应属于年俸在600石以下的较低等级的官员。

◄ 木牛车

汉朝马车的车厢多是敞露式，汉朝礼仪对乘车者有严格要求，在车厢内或坐或立，都要保持端正的姿势。而牛车的车厢多有遮篷，乘车者在车厢内或坐或卧，姿态随意，行人无法看到。加上牛车行走徐缓，比马车更平稳，因此乘坐牛车更加舒适。牛车很快作为高级车迅速流行起来。这是一辆汉朝贵族乘坐的牛车，原来的车篷已腐朽。

贵族的服装时尚

汉朝服装的款式基本延续秦朝的遗风，无论官员或平民都以穿着深衣为主。同时，舒服随意的短衣也从平民阶层走向上流社会。随着豪强贵族夸耀权势的风气日盛，皇室的服装和装饰也成为上流社会追求的时尚潮流。质料方面，汉朝的纺织业发达，服装更加追求精良的质地，样式和花色也不断翻新。多民族统一国家进一步巩固，少数民族服装也影响到中原，使服装品种更加丰富多样。

解开深衣的束缚

深衣是战国时期流行的新式长袍式服装，以曲裾沿身体缠绕数层，将身体全部遮掩。身份越高的人，曲裾缠绕越多。从战国至汉朝，官员和平民都以深衣为常服，皇帝平时也穿深衣。然而，深衣紧裹身体，行动不便，又浪费布料，更不适合汉朝贵族讲究宽松、享乐的生活风格。因此，西汉初年，贵族改革深衣，深衣的曲裾越来越短，男式只略后掩，女式缠绕半圈。

▶ **深衣男木俑**

这是贵族家中身份较高的家臣形象。家臣是讲究规矩礼仪的职业。此男俑身穿深衣，曲裾已经省减，只缠绕一周。

曲裾环绕一周

▲ **绢地信期绣手套**

"信期绣"是汉朝一种织绣方法。这是贵族妇女在冬季戴的手套。

贵族妇女的鞋袜与手套

贵族妇女的服装讲究整体效果，与之配套的鞋、袜、手套等，花纹图案和色彩都与服装协调搭配。夏季以丝绢为主，色彩淡雅。冬季以厚锦和织绣为主，色彩热烈艳丽。

短曲裾

◀ **罗地信期绣丝绵袍**

这是西汉贵族妇女穿的绵袍，曲裾已经改进为短式，衣身和袖都很宽松。

贵族妇女的常服

汉武帝时期，皇室出现一种由曲裾式的深衣演变的直裾式长袍。这种宽松式的服装很快在贵族中流行，成为家庭中男女通用的便服，但一般不在室外穿着。西汉中期以后，直裾式长袍逐渐成为贵族妇女专用的常服，可以外出时穿着。

长袍穿着舒适，所用布料比深衣节省40%（以横幅0.5米的布为例，深衣用布料32米，长袍仅用18米），而且质地相当讲究，夏季用薄丝或绢，春秋两季用较厚的织锦，冬季絮丝绵。

简洁明快的装饰品

汉朝贵族佩戴的装饰品，仍然以贵重的金银器和玉器为主。其品种和图案沿袭秦朝遗风，龙凤纹占据主流，风格趋向简洁明快，富有朝气。

◀ **镶边丝织品**

汉朝贵族无论男女，都流行用宽大镶边作装饰。衣服与镶边往往色彩反差明显，深色衣服配浅色镶边，成为当时的服装时尚。这是专门用于衣服镶边的丝织品，花和绒具有立体感，作为镶边更加醒目。

▶ **金丝编项链**

这是贵族佩戴的项链，用极细的金丝编织而成，工艺极其精细，技艺高超。

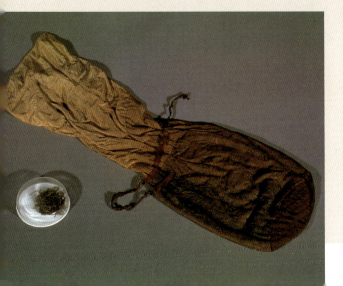

◀ **绮地信期绣香袋**

汉朝贵族有熏香的嗜好，他们不仅在居室内用熏炉释放香气，而且衣物也用香料来熏。身份高贵的妇女外出的时候，还携带装有香料的丝袋。根据季节的不同，贵族会更换应季的丝织品香袋，并且讲究与服装的搭配。香料也随季节更换，都是从南洋进口的高级香料。图中是贵族妇女春秋两季携带的香袋。

庄园里的劳动者

汉朝土地私有化加剧，使战国以来兴起的自耕农受到巨大冲击。他们在土地兼并中破产，不少人沦为大庄园的农奴，甚至奴隶。东汉末年，豪强贵族富有的标志，不仅是拥有山川湖泽和万顷膏田，还是拥有成千上万的农奴、奴隶和武装家兵。

无论地位高低，居住在庄园里的所有人的户籍都归属在庄园主名下，不由政府管辖，因此，他们对庄园主有极强的依附性。

头戴进贤冠、具有官员身份的庄园主　　戴武士巾和武士冠的宾客

▲ **彩绘贵族宾客图（壁画）**

画面分为两部分，上部是庄园主与宾客图，下部是伎乐歌舞图。整个画面表现了庄园主在宾客的护卫和陪同下观看歌舞的场面。

庄园里的宾客

西汉初年，诸侯王和贵族沿袭战国以来的养士风气，以养宾客为时尚。当时宾客的地位相当高，属于为主人出谋划策的文人谋士，保持自由身份。西汉末年，豪强贵族为了扩大势力，纷纷招纳宾客。这时，宾客的地位已经发生变化，他们充当庄园主的"鹰犬"，监督农奴的生产活动，参加庄园武装组织，成为受庄园主驱使的依附人。到东汉末年，宾客也参加农业劳动和充当家兵，地位与农奴相当，被称为"奴客"。

▶ **武装家兵**

身穿武士装，腰佩环首长刀，右手提绳，左手提箕（加工粮食的工具），说明家兵亦兵亦农。东汉贵族庄园的家兵在农闲时期训练射击，同时负责巡逻和保卫，农忙时又是劳动的主力。

庄园里的宗亲与家兵

与庄园主有宗亲关系的贫穷农民，租种庄园主的土地，地位略高于农奴。贵族利用血缘关系控制和笼络宗亲，建立以贵族为中心的血缘集团，割据称雄。庄园的军事武装由宗亲和宾客组成，但并不是每个农民都可以充当家兵。因此，宗亲平时也承担农业生产，同时承担维护庄园治安的职务。一旦发生战事，庄园主往往以庄园为据点，合族举兵，声势浩大。东汉的庄园家兵甚至取代了地方军队的职能，朝廷大量裁减地方军队，而由庄园武装维持地方治安。

庄园里的农奴

庄园的主要生产者来自破产的自耕农，他们的身份比宾客和家兵低，但不得随意买卖。大庄园一般有农奴达万人，他们租种庄园主的土地，收获后要交纳收成的二分之一作为地租，此外，还要无偿为庄园主服务劳役。

▲ 收租图（画像石）

这是一个庄园主向农奴收租的场面。

庄园里的奴隶

奴隶是庄园里地位最卑贱的人，他们不仅失去土地，也没有人身自由，属于庄园主的私人财产。汉朝随着奴隶数量的增加，奴隶可以自由买卖，奴隶市场也相当活跃，奴隶与牛马同栏出售。1名奴隶的价格为1000～20 000钱，与1头牛的价格相当。奴隶买卖的现象，早在战国初年就已经消失，东汉再度出现，确实是一种异常的社会现象。

▲ 小童沐浴

农家小童在简陋的洗衣盆中沐浴，自得其乐。

▼ 庄园厨炊图（壁画）

▶ 庖（páo）厨、献食陶俑

◀ 踞坐女奴

庄园里的奴隶有生产和非生产两类，生产性奴隶主要从事手工业劳动和农田劳动，非生产性奴隶主要从事家内劳役和歌舞伎乐。

文艺与科技

民间俗乐迈进宫廷

先秦时代，以周礼为核心的宫廷雅乐一直居于垄断地位。到了西汉，已经衰颓的传统雅乐受到民间俗乐的猛烈冲击，中国音乐歌舞艺术发生了重大的变革。

汉朝帝王多精通乐舞，在他们的倡导下，宫廷乐府十分活跃。尤其汉武帝时期，乐府大规模采集各地少数民族的民间音乐，吸收域外音乐的精华，创造出以俗乐为基础的全新的歌辞和曲调。俗乐从此兴盛，无论在宫廷还是民间，都占据了主导地位。

雅乐面临改革

汉承秦制，设立掌管宫廷乐舞的最高官署——乐府。当时朝廷举行重大典礼都演奏以周礼为核心的雅乐，使用的乐器以编钟和编磬为主，称"金石之乐"，表演的乐舞也是依据周礼制定的礼乐。由于因循旧仪，从形式到内容沉闷僵化，与汉朝强盛而富有朝气的王朝形象极不相称。宫廷乐府因而面临生存的危机。

汉武帝是推动乐曲改革的第一人。他要求乐府采集各地流行的俗乐，包括诗歌民谣，以及从西域传入的胡乐胡舞。在此基础上，宫廷乐府新创作的乐舞，不仅内容有新意，形式也有大的变化。百姓喜闻乐见的百戏、伎乐、角抵（juédǐ）等艺术形式，被搬上皇宫的大雅之堂，演出规模盛大，有的场面伎乐达千人之众。从此，民间俗乐正式迈进宫廷音乐的行列。

俗乐的飞跃

汉朝皇帝推崇俗乐，而且能歌善舞，懂得演奏乐曲，还亲自赋诗作曲。在皇帝身体力行的影响下，经过宫廷加工的俗乐以一种更加高雅精练的形式回归民间。俗乐在上层社会流行，贵族豪强经常在庄园举行俗乐演出，俗乐由此传播得更加广泛。

民间俗乐经过宫廷乐师的再创作，也发生了重大的飞跃，涌现出大批优秀的作品和音乐舞蹈人才。

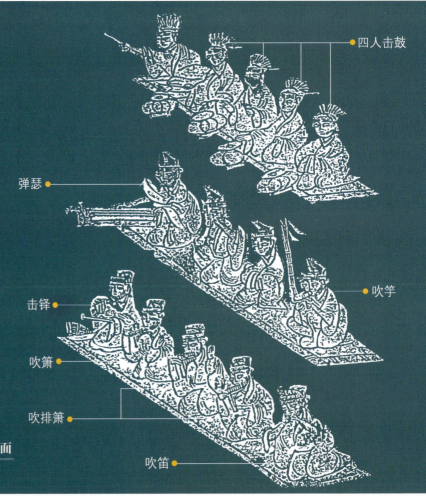

四人击鼓

弹瑟

击铎

吹箫

吹排箫

吹笛

吹竽

▶ 俗乐演奏的场面

管弦乐的兴起

俗乐的演出形式多种多样，歌与曲相互配合，有相和歌辞与鼓吹曲辞两类。相和歌辞原是黄河流域流传的民歌民谣，一人唱，万人和，没有乐队伴奏。西汉经过乐府的再创作，增加管弦乐器伴奏，使曲调更加委婉动听。鼓吹曲辞起源于北方游牧民族，内容多与战争、狩猎、放牧有关。经过乐府的再创作，以吹奏乐和打击乐伴奏，气势更加雄壮。宫廷举行仪仗典礼、征战出行、天子朝见等庄严活动时，经常演奏鼓吹曲辞。

汉朝民间流传最广泛的是相和歌辞，与之伴奏的管弦乐因而兴起。管乐的乐器有竽、笙、笛、箫等，弦乐的乐器有瑟、琴、箜篌（kōng hóu）、琵琶等。

▲ **彩绘木雕管弦乐队**

这是贵族拥有的私人乐队形象，是小型的管弦乐队，由2名吹竽乐手和3名鼓瑟手组成。

◀ **黑漆二十五弦瑟**

瑟有二十五弦，一弦一音，属于较古老的弦乐器。

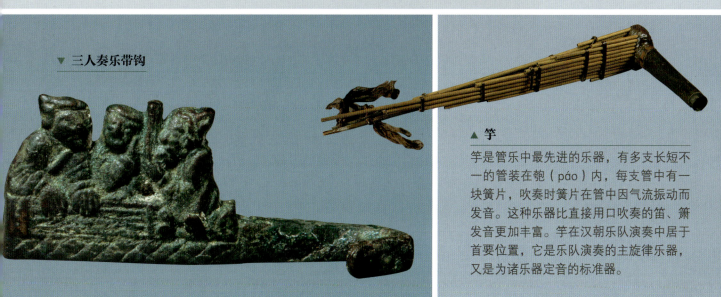

▼ **三人奏乐带钩**

▲ **竽**

竽是管乐中最先进的乐器，有多支长短不一的管装在匏（páo）内，每支管中有一块簧片，吹奏时簧片在管中因气流振动而发音。这种乐器比直接用口吹奏的笛、箫发音更加丰富。竽在汉朝乐队演奏中居于首要位置，它是乐队演奏的主旋律乐器，又是为诸乐器定音的标准器。

舞蹈艺术的高峰

汉朝是中国历史上舞蹈艺术的第一个高峰期。舞蹈作为宫廷仪典的重要表演形式，同样受到皇帝重视，乐府通过对民间舞蹈的广泛采集，为传统的雅乐舞蹈注入了一股清新的气息。

汉朝舞蹈以楚国风格、雅乐风格和西域风格相融合为时代特征，尤其是西域和西南少数民族舞蹈、杂技的传入，使舞蹈更具表演性。汉朝舞蹈讲究技艺与情感结合，是舞蹈艺术的一次飞跃。

宫廷豪门的舞女

汉朝在舞蹈表演艺术上最活跃的，是宫廷和豪强贵族专宠的一批舞蹈艺人。她们与民间伎人不同，是经过长期正规训练的优秀人才，演出的作品多为经过宫廷乐府锤炼的精品。经过她们的表演，许多具有民间原始形态的舞蹈技艺获得大幅度提高。

雅乐舞的飞跃

汉朝的雅乐舞同宫廷音乐一样，重视吸收民间的丰富滋养，创作出一批优秀的作品。如汉高祖的《大风歌》，作为祭祀皇帝的雅乐舞，在西汉宫廷表演了100多年。这个舞蹈采风于楚歌、楚舞和楚辞，成为雅乐舞的经典之作。汉朝舞蹈已经超越了单纯表现技巧的初级阶段，达到了技艺与人物情感的结合。舞蹈者通过人体的各种优美动作和精彩的技巧，表现特定环境下的思想感情，具有强烈的表演性。同时，舞蹈虽然多与百戏组合演出，但已形成一种成熟的表演形式，并逐渐从百戏中独立出来。

▶ **彩绘陶女舞俑**

秦统一六国战争期间，秦始皇将数万名各国的后宫美女、乐舞伎人掳入咸阳。从此，全国各地的歌舞精英汇聚都城，为汉朝宫廷乐府储备了优秀人才。这个舞俑在陕西西安汉长安城宫殿遗址出土，是西汉宫廷雅乐舞蹈的形象。

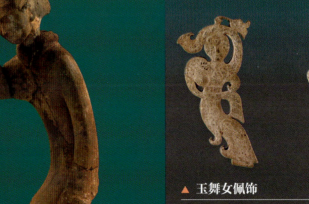

▶ **彩绘陶女舞俑**

这是贵族庄园中舞女的形象，舞女在舒展长袖翩翩起舞。长袖舞在汉朝十分流行，这种舞蹈起源于荆楚舞风，长袖象征兽尾或鸟羽。修长而飘逸的丝绸长袖，表达羽化成仙、与鸟齐翔的美好向往。

▲ **玉舞女佩饰**

舞女的舞姿和服装与宫廷雅乐舞相同，但前额戴假发髻，两边长发垂肩，是东南沿海越族妇女的典型发式。因此，这是越族舞女的形象。这是南越王墓出土的，反映宫廷舞已推广至边远地区。

● 用来击奏节拍的
　盘子，既是道
　具，又是乐器

▼ 鎏金四人舞俑青铜扣饰（现藏于中国国家博物馆）

铃舞是滇族的一种舞蹈。舞者头戴高顶尖帽，右手摇铃，翩翩起舞，铃声伴随舞蹈发出有节奏的乐声。汉朝宫廷俗乐中有"铎舞"，舞者手执大铃起舞，与这种铃舞极其相似。

◀ 鎏金双人盘舞铜扣饰

这是汉朝滇人贵族服装的扣饰，表现了具有滇族独特风格的舞蹈。两男舞者高鼻深目，应为西域人。他们脚踩一蛇，边歌边舞，动作夸张，又与中原折腰舞和杂技托盘的动作相似。前者身佩长剑，腰部扭转，左手托盘，右手翻掌托盘；后者屈抬右腿，双臂托盘而舞。整个画面充满热烈而奔放的节奏感。汉朝西域胡乐、胡舞的大量传入，不仅对宫廷乐舞产生巨大影响，也渗透到西南边郡的滇族之中。

平民化的舞蹈

　　汉朝宫廷舞蹈逐步平民化，自娱自乐的舞蹈也很盛行。当时，民间有舞蹈和音乐修养的人颇多，他们在日常生活中的各种场合即兴表演，抒发内心的情感。朋友聚会时，主人也常常邀请客人观看乐舞表演，还邀请客人一起跳舞，这是当时的时尚礼节，也反映了汉朝舞蹈的普及程度。

▼ 彩绘踏鼓舞俑群

这是民间歌舞的场面，表演的是"盘鼓舞"。前排正中的女主角，在地面的7个盘鼓上跳跃起舞，同时双脚奏出有节奏的鼓声，动作有相当的难度，显示了舞女的功力。盘鼓舞吸收了杂技的技巧，成为汉朝流行一时、风格独特的舞蹈形式。

吹排箫的伴奏者　　表演盘鼓舞的主角　　演唱的乐人　　伴舞者

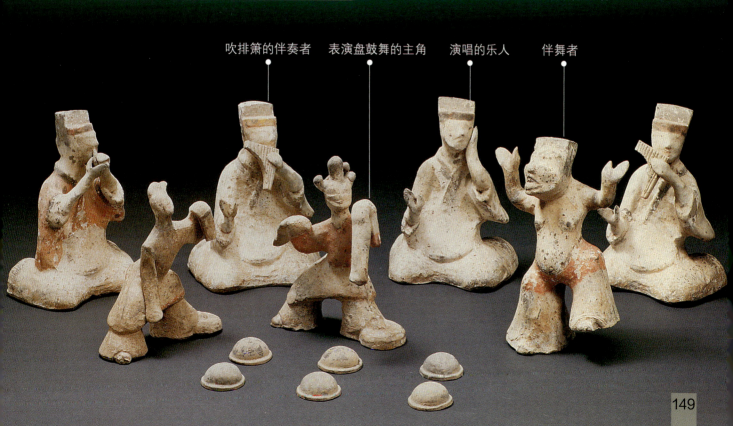

盛极一时的百戏

汉朝社会经济繁荣、国力强盛，使表演艺术发生重大变化。百戏的盛况，突出体现了新时代蓬勃向上的社会风貌。

百戏，是汉朝对表演艺术的统称，包括音乐、舞蹈、杂技、魔术、角抵戏等。汉朝宫廷的各种庆典，以及民间节日庆典，常常以百戏表演助庆。数百人乃至数千人同台演出，载歌载舞，形式热烈，场面壮观。西域胡风的渗入，赋予百戏更加活跃的生命力。

▲ 乐舞百戏图（壁画）

吹芦笙的人　　腰间佩剑的舞者　　身穿拖及地面的兽皮毛

百戏进入宫廷

百戏起源于民间，由古老的社火、傩（nuó）仪、巫舞等原始宗教仪典发展而来，秦朝时开始传入宫廷，后来汉武帝大力倡导，在汉朝盛极一时。

公元前108年，汉武帝在皇家园林上林苑举办一场规模庞大的百戏集演，周围300里内的百姓都赶赴观看，一时万人空巷，成为当时京城的一大盛事。在汉武帝的倡导下，由宫廷乐府主持的百戏集演，每年举办一次，相沿成习，直至东汉仍然不间断。后来，百戏又成为朝廷接待外国宾客的重要表演项目。

宫廷百戏集演的形式很快影响到贵族阶层，贵族庄园内举办宴乐聚会，百戏是必不可少的重头戏。

▲ 青铜滇人巫舞俑

巫舞是百戏的原始形式。这是西南滇人祈祷丰收的巫舞形象，他们的服饰和舞蹈动作都具有原始宗教色彩。

杂技与魔术

汉朝来自民间的杂技艺术，受舞蹈的影响很大，演出的动作从单纯显示惊险奇特的技巧到讲究节奏感和优美感，并用音乐和舞蹈陪衬，渲染了艺术气氛。汉朝杂技经常在宫廷表演，形式不断创新，技巧也不断提高。

来自罗马等地的魔术，在百戏表演中大放异彩，吐火、跳丸等节目以新奇惊险的技巧让中原人大开眼界，成为百戏中不可缺少的节目。

▶ 彩绘三人倒立杂技俑

倒立是杂技中最基本的动作，在现代杂技表演中仍然保留。汉朝民间杂技表演使用的道具尚处于初级阶段，利用圆缸等进行现场表演，还没有专门的舞台。

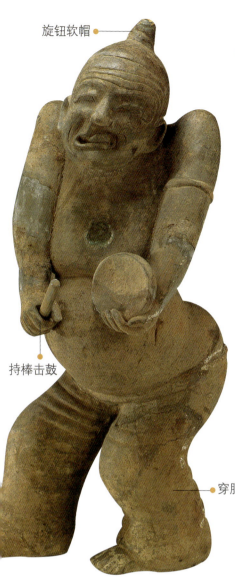

旋钮软帽

持棒击鼓

穿肥裤

◀ **俳优说唱俑**

俳优正在说唱重要情节，因而做出滑稽表情和动作。

说唱表演

汉朝民间流行一种以逗笑为主的说唱表演，一般是由两人相对说唱逗乐，形式与现代滑稽戏或相声相似，但配合击鼓演唱，语言和动作滑稽而夸张。

说唱的表演者称"俳（pái）优"，身份低于歌舞乐伎。表演场地并不讲究，常在贵族庄园的楼门口就地表演。此外，这种表演没有融合在百戏中，具有独立的表演形式。虽然在宫廷中偶尔也有演出，但尚未流行，属于不登大雅之堂的、供街巷平民百姓观赏的表演艺术。

角抵戏

汉朝有一种化装表演，以象征和写实结合的手法，利用竞技搏斗的动作表演故事情节，称"角抵戏"。表演内容以历史故事为主，例如《二桃杀三士》《东王公与西王母》等。这种表演形式已经具备了戏剧的基本要素。

▲ **角抵图**（壁画）

骆驼载乐舞图（画像砖）

在骆驼上表演歌舞，是西域胡风传入的结果。这种表演形式集歌舞与杂技为一体，表演者在击鼓的同时，还要做出高难度的杂技动作。

伴舞的女子　表演的指挥者　3人在表演"柔术"

吹笙手　鼓瑟手　击磬手　击鼓手　观众

▲ **彩绘陶杂技俑群**

这是民间杂技表演的场面，由伴奏乐队、杂技表演者和观众三部分组成。

天文与地理

汉高祖以来的汉朝皇帝，都十分重视科学技术的革新和创造，尤其对实用性科学技术，更是大力支持，还设立专门机构和官员，向全国推广天文、历法、造纸术、司南等科学发明。在这种有利条件下，汉朝取得一系列惊人的科学成就，成为社会文明高度发展的标志。

天文与历法并行发展

汉朝负责观测天象的国家天文台，设在都城附近，朝廷任命高级官员管理。东汉洛阳的灵台，是当时观测仪器最先进的天文台，由著名天文学家张衡（78—139）主持。

汉朝的天文观测已经十分先进，对于宇宙星体、日月食、彗星、太阳黑子等天文现象都有相当的认识，并掌握了它们运行的规律。张衡制成的浑天仪，是测定天体坐标的仪器。它由几个刻有周天度数的圆环和望筒组成，以赤道坐标表示天体的位置。赤道坐标后来成为世界通用的基本坐标系统。

在此基础上，公元前104年，汉武帝诏令国家天文台制定一套符合天体运行的新历法——太初历。后来由政府组织数十人用3年时间在天文台观测，验证新历法的准确性，结果显示太初历与天象符合得很好，说明这是一部科学性很高的历法。

汉朝开创的观天制历、以天验历，其先进程度是当时世界上所罕见的。这种天文与历法并行发展的新思路，被后世沿袭。而天文观测服务于皇家，服务于历法制定，成为中国天文学的特征。

▼ 石日晷的测时原理

正中圆孔有一根垂直于日晷平面的柱形表，随着太阳的升落，表影在刻度间移动。在日出、日中、日落三点各立杆作标志，可测定不同季节昼夜的长度，以此检测漏壶的准确性。

日中

日出

日落

指示方向的工具——司南

汉朝人利用磁石的指极性创造出一种指示方向的工具——司南，在此基础上发明的指南针被列入中国古代四大发明之一。

中国古代以南方为尊，因此，指示方向的工具一律以南方为标准，称为"指南"或"司南"。中国指南工具有两大发展阶段，汉朝是利用天然磁石制造工具的阶段，即司南阶段，使用时间长达1000多年。北宋进入第二阶段，由人工磁体代替天然磁石，创造了指南针。

内圆外方的地盘

用天然磁体磨成的磁勺

北

南

◀ 司南模型

司南由青铜地盘和磁勺组成。地盘中心的圆圈内凹，放上磁勺，盘面分层次铸有八天干、十二地支、四卦，标示24个方位。静止时，由于地磁作用，勺尾指向南方。

探测地震的地动仪

中国是常常发生地震的国家，在汉朝的400年间共发生强烈地震28次，其中22次在东汉时期。由于地震带来巨大的灾害，汉朝将这种现象视为"异邪"。

132年，东汉的张衡发明了世界上第一台探测地震的仪器——地动仪，放置在洛阳灵台。据记载，这台地动仪可以测出人感觉不到的地震。汉顺帝永和三年（138）二月三日，地动仪突然发出地震信息。当时洛阳的居民没有感到地震，有人议论地动仪不灵验。不久，位于今甘肃东南部的陇西一带有消息传到京城，说那里发生地震，城郭和居民住房毁坏，死伤众多，应该是6级以上的地震。

▼ 地动仪的构造

地动仪内正中设1条都柱，四周又有8组杠杆机械组合。如发生地震，都柱受到震波作用，推动顺着地震波的1组杠杆，使仪器外的龙首张口吐球，再由蟾蜍承接。通过这个动作，可以指示地震的方位。

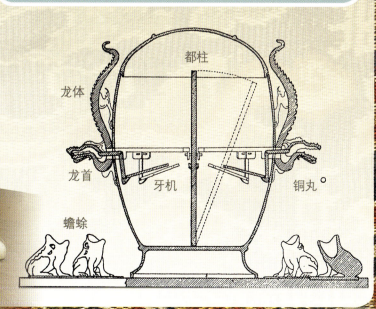

历史小证据

司马迁的预言

在汉朝天文学著作中，司马迁的《史记·天官书》是代表国家研究水准的著作。司马迁在书中重点研究了金、木、水、火、土五大行星的运行规律，并记录了五星运行与地球气候的关系。其中"五星分天之中，积于东方，中国利"这一预言影响广泛，成为当时汉朝百姓企盼丰年的吉语。1994年，新疆民丰县尼雅遗址出土一件织锦护膊，上面有"五星出东方利中国"字样，也就是司马迁的预言。这块织锦纹饰具有西域风格，又有汉人流行的吉语，应该是中原专为尼雅一带制造的丝织品。

国　中　利　方　　东　出　星　五

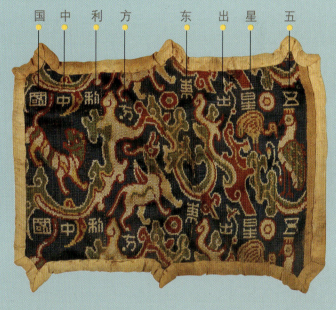

▲ "五星出东方利中国"护膊

153

造纸术与医学的发展

汉朝在强盛国力的推动下，朝廷对科学技术的革新和创造尤为重视，给予大力支持和推广。因此，汉朝的科学技术取得惊人的成就。造纸术被列入中国古代四大发明之一，是中国对世界文明的伟大贡献。此外，汉朝的医学发展水平在当时也位居世界前列。

蔡伦改进造纸术

秦朝以前，一般人以竹木简牍作为书写材料，王公贵胄使用名贵的丝帛写字绘画。简牍沉重，不易读写和装册，丝帛则价格昂贵，因此，这些书写材料都无法在社会上推广使用。

西汉中期，一种以丝、棉絮和植物纤维混合制造的书写材料在民间问世，这就

▲ 甘肃居延肩水金关遗址出土的西汉麻纸

是纸。这时的纸尚处于初期发明阶段，比较粗糙，使用范围很小。

东汉和帝时期，宦官蔡伦（约62—121）总结民间造纸技术，改进了造纸的原料和工艺流程，利用树皮、麻头、碎布、旧渔网等材料，经过科学的工序，制造出质地上乘的纸。105年，蔡伦把他造的纸献给朝廷，得到皇帝的赞赏，下令在全国推广。从此，蔡伦的造纸技术普及全国，这种纸也被称为"蔡侯纸"。

蔡伦对造纸技术革命性的改进，使纸张的大规模生产成为可能，为纸的推广和普及开辟了广阔的天地。到了晋朝，成本低廉的纸完全取代了竹简，成为主要的书写工具。

▼ 蔡伦造纸的工序

浸湿原料　切碎　洗涤　浸灰水　蒸煮　春捣

揭下压平　晒干　抄纸　打浆　洗涤

中医学理论与医疗器具

战国时期，中国医学界分为秦、齐两派，以秦国为首的医生重视针灸疗法，以齐国为首的医生则以汤剂疗法为主。汉朝在统一的政治体制下，各派学说交融，产生了一套临床诊断和治疗的医学体系。

东汉是中国医学理论创立的重要时期，一批经典的中医学著作问世。其中著名医学家张仲景（生活在2～3世纪）写成《伤寒杂病论》，创立了中医论病的辩证论治体系，至今仍然是中医诊断的准绳。张仲景还收录各类中药方剂300多条，包括各类常见病的治疗方剂，经验证，疗效显著，被后世称为"经方"。

此外，著名医师华佗（？—208）以精于针灸和外科手术闻名。他发明的麻醉药，用于为病人做全身麻醉的剖腹手术，效果令人惊叹。因此，他被后人尊为"外科鼻祖"。

随着医学的发达，各类适用于中医药剂和针灸的医疗专用器具也应运而生，都是汉朝以前所未有的新产品。尤其帝王之家，医疗专用器具更是日臻完备。

这是西汉中山靖王刘胜生前专用的一套医疗用具。它们多有使用的痕迹，应该是在刘胜病重时用来急救的。

▲ **银漏斗**

银制的医疗器属于高级用具。这是配套使用的医疗器，在急救危重病人、向其鼻或喉部灌药时使用。

▲ **长流银匜**（yí）

▲ **金医针**

这是用于针灸疗法的医针。

▼ **青铜医工盆**

医工盆上刻有"医工"铭文，医工是宫廷医生的意思。汉朝的医生社会地位不高，被称为"医工"或"医匠"。

▲ **青铜鎏金冷却器**

这是由3件器物组成的医疗用冷却器。使用时，将药液置于平底器皿内，放在三足器中，然后不停地用勺盛冷水由浇口注入三足器，冷水顺着管道流入盘内，如此循环，使药液冷却，达到适合饮用的温度。

迷信学说的盛行

汉朝皇帝吸取秦亡的教训，注重文治教化，崇尚儒学，训解阐述儒家经典的经学由此成为中国封建文化的正统。同时，汉朝又提倡以阴阳五行为基点的天神崇拜，以此神化皇权，建立一套国家宗教法典。

阴阳五行学说披上国家宗教神圣外衣后，在汉朝大为流行，甚至儒学和道教也夹杂阴阳五行的色彩。董仲舒利用这种学说改造儒学，使之与国家宗教法典合为一体，一度成为巩固国家统治的精神力量。

▶ 北方玄武神瓦当

这是西汉长安城宫殿北面屋顶的建筑构件，刻有北方玄武神的形象。汉朝宫殿多以四方神形象作装饰，显然是为了祈求天神的保佑。

阴阳五行与天神崇拜

阴阳，原本表示两个对立相反的概念，如白昼与黑夜、男人与女人等。五行，是古人对于事物的分类，将世间万物分为金、木、水、火、土五类。战国时期，百家争鸣，阴阳与五行结合的理论产生。到秦汉时代，这种理论成为帝制运动的先声。

秦汉之际，由于改朝换代的政治需要，皇帝自称天子，对天神的信仰也随而引申为对皇帝的崇拜。根据阴阳五行学说，天有五帝，他们是远古时代的帝王，分别主管东、西、南、北、中五方事物。皇帝即位后的时运，依照五行的次序运转，即所谓的"天意"。秦始皇鉴于秦人崛起于西方，因此建立的皇帝制度和各项礼制，都以西方之神为标准。这是阴阳五行学说第一次登上政治舞台。汉朝皇帝又用新的观念充实天神崇拜的内容，使皇帝制度得到进一步巩固。

▼ 汉朝的天神

主管方位	天帝名称	天神形象
东方	青帝	青龙
南方	赤帝	朱雀
中央	黄帝	一
西方	白帝	白虎
北方	黑帝	玄武

▲ 东汉儒学讲经图（画像砖）

▶ 镇邪俑

汉朝人为了躲避灾异鬼怪，臆想出许多镇邪除妖的神人。这是一个陪葬墓中的镇邪俑，表情狰狞，具有威慑力。

西方神白帝——白虎的形象

南方神赤帝——朱雀的形象

▲ **彩绘四方神陶壶**

这是西汉常见的随葬明器。器身彩绘青龙、白虎、朱雀、玄武，是四方天神的形象。贵族的墓葬常以壁画寄托对死者的祝福，平民则将祈祷的心愿描绘在器物上。这件陶器上的四神图案，证实了天神崇拜在汉朝相当普及。

鬼神观念的渗透

西汉王莽（前45—23）出于篡夺政权的需要，大肆宣扬阴阳五行学说，并与儒家经学、神怪异说等融合，使之更加神秘化。东汉开国皇帝刘秀（前5—57）更是将迷信的大杂烩——谶（chèn）纬学说，作为官方神学大力推广。当时，鬼神观念充斥社会，怪异学说肆意横行，渗透社会的每个角落。以鬼神观念观察自然万物，以阴阳五行处理社会事物，成为汉朝人思维方式的显著特征。

太阳中的金乌

月亮中有玉兔

前有小吏迎接、后有侍从护送的墓主人升天场面

天神守卫着进入天国的天门

历史小证据

向往天国——汉朝人的灵魂观念

这是西汉长沙相轪侯利苍妻子墓中随葬的帛画，是导引死者升天的幡引。幡面分三段描绘了汉朝人对天国、人间、阴间生活的想象。上部是天国，女娲和扶桑树分布在其中，充满了祥和的气氛。正中是人间，表现了墓主人升天和后人对其祭祀的场面。下部是阴间，充满阴森而神秘的气氛。

这幅幡引图，融汇了天神崇拜、道教神仙说和谶纬学说，体现了汉朝流行的灵魂不灭的观念和诸神混杂的信仰。

▶ **马王堆一号汉墓T形帛画**

操纵帝王的神仙家

汉朝朝野上下弥漫着鬼神观念的神秘气氛，神仙家又异军突起，他们强调人修炼成仙，便可以享受世外清闲安逸的仙人生活。这种思潮对于希求永远享受荣华富贵，达到长生不老境界的统治阶层有极大吸引力。由秦始皇开先河，经汉武帝亲自倡导的神仙风气在社会兴起，很快便与道教和阴阳五行融合，形成更易被人接受的精神寄托的方式。当时，神仙家的社会地位显赫，甚至一度成为左右政治发展的重要力量。

▼ 五星占卜表

星体	身份	季节主宰	事物主宰
木星	东方青帝的使者	主春季	主宰农业收获
火星	南方赤帝的使者	主夏季	主宰旱涝灾害
金星	西方白帝的使者	主秋季	主宰军事刑杀
水星	北方黑帝的使者	主冬季	主宰江河湖水
土星	中央黄帝的使者	—	主宰疆土

拱手对立的贵族

手撑圆伞的侍从

战国时期出现了一支神仙学派，他们与道家有关，也吸纳了阴阳五行学说的成分。神仙学与传统的天帝鬼神主宰人类的观念不同，神仙家宣称，在渤海有神仙居住的神山，又有长生不老的仙药，人们只要修炼身心，便可到达仙境。他们还声称自己拥有与仙人沟通的方术，可以帮助世人到达仙境，享受仙人生活。因此，神仙家又被称为"方士"。

秦朝开始，方士便活跃于政治舞台。秦始皇在方士徐福的诱惑下，多次派人出海求仙药，但最终一无所得。汉武帝迷信方士、向往神仙的程度更远远超过秦始皇，他在位54年，一直在追求仙境和长生不老的仙药，对方士更是深信不疑。他的行为对社会风气产生了巨大的误导，社会上崇拜神仙、追求仙道的迷信活动应运而生，包括天文学等科学，都蒙上了神仙迷信的色彩。

汉朝的神仙家不仅引导人信仰神仙，还大搞"镇邪驱鬼"活动。尤其在瘟疫流行地区，神仙家更是丧葬仪式中的首要人物，他们主持葬礼，声称能"驱鬼消灾"。仪式进行时，神仙家在一个陶瓶上书写红字咒语，放在死者身旁，为死者及其家族"驱鬼降魔"。陶瓶被命名为"解殃瓶"。

▶ 朱书"解殃瓶"
这是神仙家为张氏家族"驱鬼"而制造的"解殃瓶"。

◀ 彩绘陶载人神鸟
今山东一带是战国时期的齐国旧地，也是神仙学派的发源地。神仙家宣扬的仙境和仙药，都集中在齐国蓬莱神山。这件陶载人神鸟，在山东的贵族墓出土，是齐国神仙风气盛极的产物。陶载人神鸟是汉朝神仙家宣扬的神鸟，可以载人飞往仙境。这件随葬品象征墓主人死后，由神鸟将他本人以及生前享受的宴乐歌舞生活一同载入仙境。

占星家与占星术

　　汉朝神仙家中，有一类占星家。他们将天文学中的日月星辰运转、日食、月食和流星雨等现象，与阴阳五行和神仙学结合起来，称为占星术。

　　汉朝最普及的占星术，是将太阳系中围绕太阳运转的行星，按阴阳五行定名为水星、金星、木星、火星、土星，通过五星运行的天文现象，占卜自然界和人世间的万物吉凶，称为五星占卜。

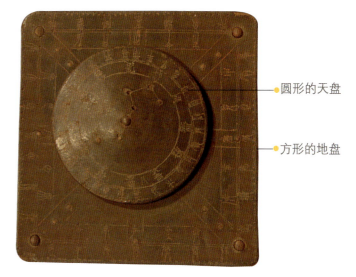

○ 圆形的天盘

○ 方形的地盘

▲ 六壬式盘

这是神仙家的占卜用具。按照阴阳五行学说制成的天盘和地盘，代表了汉朝人对天地的认识。天盘可以转动，正中为北斗七星图案，内圈刻十二神将，外圈刻二十八星宿。地盘内圈刻天干、地支，外圈刻二十八星宿。占卜时，转动天盘，观察式盘显示的天象，再按阴阳五行学说推断所占之事的吉凶。

◀ 占卜地盘

这是占卜式盘的地盘，天盘已失。地盘上刻有天干、地支和二十八星宿，并浮雕十二生肖和楼阁人物。盘四角为天、地、人、鬼四门。

神秘的炼丹术

　　中国古代的炼丹术，被称为近代化学的先驱。最早点燃炼丹炉的是西汉的神仙家。汉朝人普遍认为，吞服金丹可以延长寿命，于是神仙方士利用水银、丹砂、黄金作基本原料，进行熔炼，并总结出9种仙丹的配方和炼法。尽管炼丹的目的是荒诞的，但方士们因为炼丹而增加对物质的化学成分的认识，则有利于科学的发展。

▶ 金灶

这是贵族随葬的纯金制造的丹灶模型。

灶门

炼丹锅盛满小金珠，象征炼制的仙丹

烟囱

道教的创立

道教是中国的传统宗教，兴起于迷信活动猖獗（jué）的汉朝。

先秦时代，以老子为代表的道家，到汉朝逐渐与巫术、占卜等各种驳杂的迷信活动合流，道教由此产生。道教是植根于中国传统文化的宗教，传播的途径相当广泛。统治阶层用道教经典《太平经》和《周易参同契》传播教义，在平民百姓中诞生了以"积德行善、救济贫困"为口号的太平道和五斗米道。其中五斗米道在发展过程中又融入了儒学思想，得到统治阶层的尊崇，南北朝时期成为道教主流。

植根于中国传统文化的道教

道教源远流长，孕育过程是多源头汇集，最早可以追溯到原始社会的自然崇拜和巫术，自然界的日月山川风雨雷电等百神，多被道教吸收，成为道教的基础。

汉朝神仙家宣扬的得道升仙学说，是道教的信仰核心，羽化成仙、骑龙升天等，都是由神仙学说转化而来的。东汉末年，一大批神仙家成为道士。同时，来源于老子道家学说的清静无为、脱俗超凡、重视养生长寿，也演变成为道教的理论体系。老子被道教推崇为本教教主，称号"太上老君"。此外，道教还融入了阴阳五行学说和儒学，它们成为道教经典的组成部分。因此，道教是汉朝驳杂信仰的总集成，同时又具有深厚的传统文化根基，很容易被人接受。

▶ **错金博山炉**

熏炉是汉朝贵族使用的熏香用具。博山炉仿照蓬莱仙境制造，峰峦叠嶂，其间点缀林木、虎豹、野猪等，还有手持弓箭的猎人出没。炉座透雕三龙，奔腾于海浪之中，熏炉的出烟孔隐蔽在山峦重叠之处，熏香时烟雾、香气缥缈于仙山之间，如临仙境。博山式熏香炉是道教追求神山仙境的产物。这是西汉中山靖王刘胜的陪葬品。

◀ 圆雕玉仙人奔马

仙人骑天马遨游于天际之间，这是道教深化神仙学说的产物。这件玉雕像是汉元帝宫廷珍藏的物品。

道教崇尚的仙人

道教认为，仙人不同于一般鬼神，也不是生活在冥冥世界中的精灵，而是长生不死、在天空逍遥遨游的"超人"。他们神通广大，可以用长生仙药超度世人。在汉朝雕塑艺术品中，仙人形象成为具有时代性的艺术主题。

羽翅纹和云纹

▶ 铜羽人

道教中宣扬的羽人，身披羽毛，背有羽翼，头部两只大耳高高竖立过头顶。汉乐府《长歌行》说"仙人骑白鹿，发短耳何长"，《论衡》说"图仙人之形，体生毛，臂变为翼"，这些都是对汉朝道教神话中的仙人形象的描述。

佛教的东传

西汉丝绸之路的开通，使印度佛教东传，为中国文明的发展注入了异质的文化营养。东汉时期，佛教受到汉明帝的支持，朝廷直接参与译经工作。然而，汉朝的佛教尊像常常与道教尊像共同奉祀。最迟在东汉末年，佛教小乘和大乘禅法开始流行，儒、佛、道三家之争也从此萌生。但是，佛教在传入中国的过程中，不断与中国本土宗教和思想融合，逐步汉化，最终发展成具有中国特色的佛教，并且成为中国历史上最大的宗教。

异质文化的佛教

西汉时期，印度佛教东传中国。佛教的创始人悉达多·乔答摩，被信徒尊奉为"释迦牟尼"。他创立的佛教，在几百年后被印度的孔雀王朝立为国教，并派遣传教士到中亚、西亚传教，使佛教扩展成为世界性的宗教。

西汉末年，佛教传入中国，首先在上层社会流传。67年，东汉明帝（28—75）派蔡愔、秦景到天竺访求佛法，带来天竺僧人迦叶摩腾和竺法兰，以及大量佛经。明帝诏令在洛阳建立中国第一座寺院——白马寺，后世称之为佛教"祖庭"。迦叶摩腾和竺法兰在这座寺院中翻译佛经典籍，佛教从此传布中国。

佛教东传的路线

佛教分南北两路传入中国，其教义的传播在南方比在北方更加广泛而兴盛。据记载，东汉末年笮（Zé）融（？—195）在彭城（治今江苏徐州）建造最大的佛寺，佛堂内可以容纳3000人，有僧众多达5000户，规模浩大。

目前发现汉朝由印度传入中国的佛教遗迹、遗物，多集中在长江流域，最早的西汉遗迹在四川巴蜀地区，是由南路通过陆路传入的。东汉的遗迹、遗物分布在长江中下游一带，是由海路传入的。

◀ **洛阳白马寺**

相传印度僧人迦叶摩腾和竺法兰用白马驮运佛经到都城洛阳，故所建寺院名为"白马寺"。寺前至今仍有一石马雕像，象征"白马驮经"的传说。

有高肉髻，身穿通肩式袈裟，是东汉佛的形象

龙虎相向，共衔一璧，是道教中天神崇拜的图案

佛教带来新思潮

佛教初传中国，其教义与道教、儒学有很大差异，尤其是对于家和国的观念。佛教主张弃家离国，破除人伦关系的樊篱，以求超脱人间苦难；儒学要求齐家治国，以忠孝为基本道德；道教宣扬个人超度成仙，但仍以忠孝作为修道戒条。东汉末年，佛教作为一种新思潮活跃于社会，挑战中国传统的道德观念，三方发生激烈冲突，直至后世也一直争论不断。作为外来文化，佛教为了求得生存和发展，不断汲取儒、道精髓，逐步完成了中国化的过程。

▲ 佛像陶插座

这是一件器物的插座，上面雕有佛像和道教图案。这是汉朝佛教尚未独立奉祀尊像，常常与道教尊像共同尊奉的例证。这件器物在四川眉山彭山区出土。这一带的佛教应是由滇缅陆路传入的。

● 道教老子像

● 佛教立佛像

◀ 佛像与道教像

汉朝的佛教还未形成庞大势力，佛教尊像常常与道教尊像共同奉祀。

◀ 孔望山石刻

在江苏连云港的孔望山上，依山凿刻有佛像和道教老子像等100多尊，最大的高1.54米，最小的仅10厘米，属于典型的佛教尊像、道教尊像合并奉祀。这一带的佛教应是由海路传入的。

词 汇 表

（按首字音序排列）

词汇	解释
百越	又称"百粤"，是一总称，指秦统一以前分布在今东南沿海的少数民族，其中居于浙南的称"东越"，福建的称"闽越"，广东、广西的称"南越"
谶纬	方士以阴阳五行、天人感应为基础编造出来的隐言、预言，以及以假托孔子解释经义为内容的经书。谶纬起于秦，而大盛于东汉
黄肠题凑	用大量柏木的黄色木芯造成巨大的墓室，里面放置棺椁。这种葬制源于秦公大墓，沿用到汉朝，在汉朝帝王墓葬中通行400年。直至三国时代，曹操提倡丧制从简，黄肠题凑的葬制才告消失
绘染	使用绘画的技术，在纺织品上染色
伎乐	指音乐舞蹈
浸染	将纺织品反复浸渍在染液中，使它和染液不断相对运动，从而染色
角抵	起源于战国时期，晋朝以后称"相扑"，类似于现代的摔跤
连坐	秦国把每五家人编为一"伍"，伍内各家互相纠察，一家犯法，邻户须加以告发，否则连带一同受罚
明器	古代随葬地下的器物
鸟篆	即"鸟虫书"，为汉字篆书的变体，因其像鸟虫之形，故得名。鸟篆文大多书写于兵器或青铜礼器上，是西汉贵族阶层流行的装饰
平脱技法	先将金银饰片黏在木贴上，再在空白处涂漆，然后细磨至金银饰片露出漆面，需要极高的工艺技术
宗法	古代社会用以规定嫡庶系统的法则，以始祖的嫡长子一系递承而下的嫡长子为"大宗"，其余庶子为"小宗"，由此分辨长幼尊卑